ISBN : 978-2-412-05313-3
Dépôt légal : janvier 2021
Imprimé en Italie
Correction : Ségolène Estrangin
Mise en pages : Frédéric Voisin

Éditions First, un département d'Édi8
92, avenue de France
75013 Paris - France
Tél. : 01 44 16 09 00
E-mail : firstinfo@efirst.com
Site Internet : www.editionsfirst.fr

Mounir Chennaoui

Le Petit Livre du sommeil

FIRST
ÉDITIONS

Sommaire

INTRODUCTION 7

PARTIE 1 : RÔLES, INTÉRÊT DU SOMMEIL ET CONSÉQUENCES DU MANQUE DE SOMMEIL 11
- Les différents stades du sommeil 14
- La régulation du sommeil 16
- Les principales fonctions du sommeil 18
- Les conséquences d'un manque ponctuel de sommeil 24
- Les conséquences d'un manque chronique de sommeil 34

PARTIE 2 : QUELLES SONT LES STRATÉGIES POUR LIMITER CE MANQUE DE SOMMEIL ? 37
- Les stratégies comportementales et ergonomiques 40
- La provision de sommeil 44
- Les siestes 45
- La lumière 49
- Les méthodes organisationnelles 52
- Les contre-mesures nutritionnelles 53

PARTIE 3 : LE SOMMEIL AU COURS DE LA VIE 55
- Le sommeil du fœtus 56

Le sommeil du bébé.....57
Le sommeil de l'enfant.....60
Le sommeil de l'adolescent.....64
Le sommeil et les rythmes biologiques à l'âge adulte.....66
Des petits et des gros dormeurs ?.....68
Des « couche-tôt » et des « couche-tard » ?.....69
Le sommeil des seniors.....71

PARTIE 4 : LES PATHOLOGIES DU SOMMEIL.....75
L'insomnie, l'hypersomnie et les parasomnies.....78
Les principales causes de troubles du sommeil.....88

PARTIE 5 : LE SOMMEIL ET LE SPORT.....91
Les recommandations.....92
Le manque de sommeil et les blessures.....99

PARTIE 6 : LE SOMMEIL ET LE DÉCALAGE HORAIRE.....103
Stratégies pour gérer les décalages horaires.....106

PARTIE 8 : LE SOMMEIL ET L'ALIMENTATION 111
Les aliments qui favorisent le sommeil 114
Comment adapter son alimentation aux horaires décalés 117
Les ennemis de notre sommeil 119
Cas particulier : la consommation de café 124

PARTIE 8 : LE SOMMEIL ET LA VACCINATION 129

PARTIE 9 : LE SOMMEIL ET LA THALASSOTHÉRAPIE 137

PARTIE 10 : LES STRATÉGIES POUR PRÉSERVER ET RETROUVER UN BON SOMMEIL ... 143
10 règles pour bien dormir 144
Bien préparer sa chambre 146
« Que faire si je ne trouve pas le sommeil ? » 148
« Je me couche très tôt et pourtant le sommeil ne vient pas. » 150
« Comment savoir si j'ai assez dormi ? » 152
« Dois-je faire la grasse matinée le week-end pour rattraper mon manque de sommeil de la semaine ? » 153
« Comment bien me réveiller ? » 154

CONCLUSION 157

INTRODUCTION

Le sommeil reste encore de nos jours du domaine de l'énigme. Mais une certitude fait l'unanimité parmi l'ensemble des scientifiques et cliniciens : le sommeil est à la fois vital et indispensable à l'être humain ainsi qu'au règne animal. Même dans l'Antiquité, le sommeil fit l'objet de nombreuses études et réflexions. En effet, nous pouvons citer Aristote, qui posait déjà la question de la place du sommeil et de la veille dans la vie de l'être humain. Nous savons aujourd'hui que le sommeil occupe environ un tiers de notre vie : une personne âgée de 30 ans, par exemple, aura déjà dormi 10 ans. Néanmoins, les études montrent que nous sommes tous différents au regard du sommeil. Il y a des gros dormeurs, des moyens dormeurs, des petits dormeurs... mais peu importe, car ce n'est pas le nombre d'heures de sommeil qui compte réellement mais bien la qualité de celui-ci.

De nos jours les termes « somnolence » et « fatigue » sont les « ennemis » des travailleurs de nuit, des travailleurs postés, des personnels soignants, des pompiers, des policiers, des militaires, des chauffeurs routiers… Ils sont aussi antinomiques avec leur activité, menée très souvent dans des conditions difficiles voire extrêmes, entraînant très régulièrement des altérations de leur rythme veille-sommeil.

Mais le sommeil est aussi indispensable à ces travailleurs qu'à n'importe quel autre individu. Les altérations du rythme veille-sommeil, les privations ou restrictions de sommeil ont des répercussions sur notre performance, notre sécurité, notre bien-être physique et mental, et à long terme sur notre santé. Ces effets pénalisants rendent donc les personnes plus vulnérables et mettent en jeu leur propre sécurité et celle du groupe.

L'enjeu est de maintenir un niveau de sécurité acceptable, de prévenir les accidents, de maintenir un niveau de performance compatible avec la conduite de l'activité, mais aussi de préserver sa santé générale.

Ce *Petit Livre du sommeil* doit permettre à chacun d'obtenir les éléments nécessaires et pratiques à la bonne conduite de son activité et les informations relatives à l'utilisation des stratégies à mettre en œuvre pour faire face aux conséquences des altérations du rythme veille-sommeil.

Les recommandations décrites dans ce petit livre sont avant tout ergonomiques, organisationnelles et physiologiques. Il se veut une aide au quotidien et un socle de connaissances pour tous.

PARTIE 1

Rôles, intérêt du sommeil et conséquences du manque de sommeil

Le sommeil peut être défini comme une baisse de l'état de conscience qui sépare deux périodes d'éveil. Autrement dit, notre vigilance diminue ainsi que notre tonus musculaire, mais nous conservons une partie de notre perception sensitive. À ce jour, nous ne connaissons pas toutes les fonctions du sommeil et la majeure partie de ce que l'on sait a été très souvent découvert par des expérimentations sur la privation de sommeil. Nous savons que notre sommeil est particulièrement déterminant pour notre croissance, notre plasticité cérébrale, notre développement et la préservation de nos capacités mentales. Lors de la phase de sommeil, donc la nuit, l'organisme en profite pour restaurer, renouveler, réparer les fonctions de l'organisme sollicitées par les activités réalisées durant le jour. Et tout récemment, des chercheurs ont même démontré que notre cerveau avait la capacité de se débarrasser des toxines accumulées pendant la période de veille, on parle alors de fonction « glymphatique » du sommeil. Cette découverte majeure pourrait ouvrir sur de nouvelles stratégies dans le traitement des maladies neurodégénératives comme la maladie d'Alzheimer ou l'épilepsie.

L'examen médical de référence pour enregistrer et étudier notre sommeil est la polysomnographie. Cet examen permet d'obtenir un tracé appelé

« hypnogramme » à l'aide d'électrodes placées sur le crâne et d'autres parties du corps. L'activité cérébrale est mesurée par électroencéphalogramme (EEG), l'activité musculaire par électromyogramme (EMG) et les mouvements oculaires par électro-oculogramme (EOG). Parallèlement, le rythme cardiaque et le rythme respiratoire sont également enregistrés.

Cet examen médical permet notamment d'examiner la succession des différents cycles de 90 à 120 minutes qui composent le sommeil. Un cycle est constitué d'une alternance de différentes phases de sommeil qui correspondent à des activités cérébrales différentes que l'on observe sur l'EEG.

Les différents stades du sommeil

Pour la majorité de la population, le besoin est de 7 h 30 ± 1 heure, réparties sur 4 cycles de 2 heures ou 5 cycles de 1 h 30.

Le sommeil lent léger, qui représente environ de 50 à 60 % du sommeil total chez l'être humain adulte, constitue la première étape d'un cycle de sommeil composé de deux stades. Le stade 1 (ou N1), c'est la phase d'endormissement : il est caractérisé par une baisse de notre tonus musculaire et de notre fréquence cardiaque. Le stade 2 (ou N2) est quant à lui caractérisé par une plus grande perte de notre état de conscience, mais la personne reste encore très sensible aux stimuli extérieurs.

Le sommeil lent profond, représentant environ de 15 à 25 % du sommeil total chez l'être humain adulte, correspond à la période de récupération physiologique pour notre organisme et notre cerveau. Il s'agit du stade 3 (ou N3).

Enfin, **le sommeil paradoxal** (ou REM, pour « Rapid Eye Movement »), représentant environ de 20 à 25 % du sommeil total chez l'adulte, constitue la seconde grande phase d'un cycle ou train du sommeil. Il correspond à la récupération de la fatigue nerveuse et favorise la concentration et la mémorisation. C'est également le moment des rêves. Ce stade est caractérisé par des mouvements des yeux et une activité cérébrale rapide alors que le corps est presque paralysé (d'où son nom de « paradoxal »).

À savoir

Le sommeil de début de nuit est composé essentiellement de sommeil lent léger et profond, alors que la fin de nuit est très riche en sommeil lent léger et paradoxal.

La régulation du sommeil

Le modèle théorique mathématique de la régulation du sommeil est fondé sur une interaction entre un oscillateur circadien (c'est le processus C), impulsant un rythme d'une période proche de 24 heures, et un processus cumulatif, correspondant à la pression homéostatique du sommeil (c'est le processus S). D'après ce modèle, le processus C génère un signal d'éveil qui augmente au cours de la journée, diminue au cours de la nuit et qui est indépendant du sommeil. Ce signal, qui évolue avec l'heure de la journée, interagit avec le processus S. Ce dernier augmente continuellement, au fur et à mesure de la période d'éveil, et diminue lors des phases de sommeil.

L'horloge biologique est responsable de ce processus. Le siège de l'horloge biologique se trouve dans une zone du cerveau appelée « hypothalamus » et dans laquelle se trouve le noyau suprachiasmatique (NSC). Cette zone se synchronise sur la journée de 24 heures, définie par l'alternance du jour et de la nuit. Ce cycle dure spontanément entre 23 h 30 et 24 h 30, selon les individus. Sans cette synchronisation, notre sommeil se décalerait tous les jours au point que plus personne ne serait éveillé aux mêmes heures. Pour ce faire, plusieurs synchroniseurs agissent simultanément, dont le plus puissant est la lumière.

Les principales fonctions du sommeil

Plusieurs hypothèses ont été avancées pour expliquer les fonctions du sommeil, chacune avec ses limites, mais elles ne sont pas exclusives les unes des autres. Aujourd'hui, les principales fonctions du sommeil peuvent être regroupées en 4 catégories, à savoir la fonction métabolique et énergétique, immunitaire, d'homéostasie synaptique, et glymphatique.

La fonction métabolique et énergétique

Tout processus physiologique a besoin d'énergie pour fonctionner. Cette énergie est fournie par les molécules d'ATP (adénosine triphosphate), qui peuvent être produites à partir de plusieurs substrats, par exemple la phosphocréatine, le glycogène ou les acides gras. Au niveau cérébral, toutes les cellules appelées « cellules gliales » et « neurones » sont « énergivores » (20 % de notre métabolisme de base). Cette hypothèse de la fonction énergétique développée en 1995 par les équipes de Bennington et Heller[1] stipule que le sommeil servirait à la reconstitution

1. Benington J. H., Heller H. C. (1995), « *Restoration of brain energy metabolism as the function of sleep* », Prog Neurobiol 45(4): 347-360.

des réserves de glycogène cérébral, diminuées pendant l'éveil. Les techniques d'imagerie ont permis de mettre en lumière qu'une consommation de glucose est 2 fois moins importante pendant le sommeil lent profond que pendant l'éveil. Cette diminution du métabolisme cérébral est donc spécifique au sommeil lent. Les neurones les plus actifs pendant l'éveil auraient un besoin de récupération plus important lors d'une période de sommeil subséquente. L'ensemble de ces observations conforte l'idée que le sommeil servirait à reconstituer les stocks énergétiques.

Une autre théorie « énergétique » de fonction du sommeil fondée sur le modèle de l'hibernation de certains mammifères stipule que le sommeil permettrait d'économiser l'énergie en diminuant la température corporelle. Cette théorie n'est pas incompatible avec la théorie restauratrice, puisque le cerveau a besoin de diminuer son activité métabolique afin de restaurer ses réserves, mais cela ne semble pas être une fonction primordiale du sommeil chez l'être humain.

La fonction immuno-inflammatoire

L'augmentation du temps de sommeil que l'on observe au cours de maladies infectieuses pourrait être médiée principalement par des protéines appelées « cytokines » jouant un rôle dans l'inflammation (réaction immunitaire à la suite d'une agression externe) et assurant les communications entre les différentes cellules, en particulier les cellules immunitaires. Ces protéines peuvent être soit pro-inflammatoires, soit anti-inflammatoires. Les cytokines pro-inflammatoires, par exemple celles nommées IL-1béta et TNF-alpha, augmentent le sommeil lent tandis que des cytokines anti-inflammatoires, que l'on nomme IL-4 et IL-10, diminuent le sommeil lent. Une infection, par exemple par la bactérie *Escherichia coli*, augmente la quantité de sommeil lent et son intensité. Des études expérimentales[2,3], chez l'être humain ont montré qu'une durée de sommeil suffisante permet de lutter contre les infections et améliore la réponse vaccinale. Très récemment, une équipe de chercheurs[4] ont montré un lien direct entre sommeil profond et immunité. En effet, l'amplification du sommeil lent profond avec des

2. Lange T., Dimitrov S., Bollinger T., Diekelmann S., Born J. (2011), « *Sleep after vaccination boosts immunological memory* », J Immunol 187(1): 283-290.

3. Lange T., Perras B., Fehm H. L., Born J. (2003), « *Sleep enhances the human antibody response to hepatitis A vaccination* », Psychosom Med 65(5): 831-835.

4. Besedovsky, L., Ngo H. V. V., Dimitrov S., Gassenmaier C., Lehmann R., Born, J. (2017), « *Auditory closed/loop stimulation of EEG slow oscillations strengthens sleep and signs of its immune/supportive function* », Nat.#Commun, 8. doi :10.1038/s41467/017/02170/3.

stimulations auditives délivrant du bruit rose (signal sonore aléatoire qui équilibre les octaves, rendant les sons plus agréables et plus graves pour notre audition, par exemple le bruit d'un torrent ou d'une cascade) a permis de modifier la production de certaines hormones et de cellules immunitaires.

La fonction d'homéostasie synaptique

Plusieurs études[5,6] ont montré une amélioration de l'apprentissage et de la mémorisation après une nuit de sommeil, alors que la performance cognitive se dégrade au cours d'une période d'éveil prolongée et qu'elle est restaurée de façon « dose-dépendante » par le sommeil. L'hypothèse de l'homéostasie synaptique développée en 2006 par Tononi et Cirelli[7] stipule que le renforcement synaptique se produit au cours de l'éveil, induisant une consommation d'énergie plus importante, des synapses plus nombreuses et plus volumineuses et que ces phénomènes seraient réduits pendant le sommeil, permettant d'éviter une saturation de la capacité d'apprentissage.

---

5. Diekelmann S., Born J. (2010), « *The memory function of sleep* », Nat Rev Neurosci 11(2): 114-126.
6. Goel N., Rao H., Durmer J. S., Dinges D.F. (2009), « *Neurocognitive consequences of sleep deprivation* », Semin Neurol 29(4): 320-339.
7. Tononi, G., Cirelli C. (2006), « *Sleep function and synaptic homeostasis* », Sleep Med Rev 10(1): 49-62.

La fonction glymphatique

La fonction « glymphatique », nommée d'après le système lymphatique et les cellules gliales – localisés dans le cerveau, qui participent aux apports nutritifs des neurones et impliqués dans le processus d'élimination des leurs déchets –, est la plus récente hypothèse des fonctions du sommeil. Cette hypothèse stipule que le sommeil permettrait d'évacuer les métabolites issus de la dégradation de substances telles que le glycogène, le dioxyde de carbone ou le lactate accumulés au cours de l'éveil. Les chercheurs[8] ont ainsi montré *in vivo* une augmentation de l'espace interstitiel pendant le sommeil associée à une pénétration plus importante du liquide céphalo-rachidien, permettant l'évacuation des métabolites dans le système veineux.

Dans nos sociétés, le manque de sommeil est un phénomène de plus en plus répandu pour de nombreuses raisons. D'après l'Institut national du sommeil et de la vigilance (INSV), parmi les contraintes les plus fréquemment rapportées et pouvant affecter le sommeil, nous trouvons les contraintes professionnelles : les horaires de début et de fin de travail, le temps du trajet, le stress au travail perturbent souvent le sommeil. De plus, il est important de souligner

8. Xie L., Kang H., Xu Q., Chen M. J., Liao Y., Thiyagarajan M., O'Donnell J., Christensen D. J., Nicholson C., Iliff J. J., Takano T., Deane R., M. Nedergaard (2013), « *Sleep drives metabolite clearance from the adult brain* », Science 342(6156): 373-377.

que 25 % des adultes travaillent de nuit ou avec des horaires atypiques. On retrouve également les contraintes familiales : les jeunes enfants et la vie de famille perturbent principalement le sommeil des mères. Enfin n'oublions pas aussi l'utilisation des écrans.

En moyenne, nous dormons 1 h 30 de moins qu'il y a 50 ans. Une dernière étude[9], réalisée par Santé publique France, montre que, pour la première fois, la population française dort moins de 7 heures par nuit alors que le besoin est estimé en moyenne à 7 h 30 pour la majorité des gens.

---

9. Damien Léger et François Bourdillon, « *Le temps de sommeil en France* », Bulletin épidémiologique hebdomadaire Santé Publique France, nos 8-9, 12 mars 2019.

Les conséquences d'un manque ponctuel de sommeil

Sur notre performance mentale

Les tâches de performance les plus affectées par un manque ponctuel de sommeil sont les tâches complexes, monotones, de longue durée, comportant une charge de travail importante, demandant une attention soutenue ou les tâches insuffisamment apprises. À l'opposé, les tâches moins affectées sont les tâches courtes, simples, bien apprises et intéressant directement la personne.

Si l'on considère une période d'éveil normale (< 16 heures), l'attention soutenue est relativement stable avec des fluctuations circadiennes et des variations transitoires (par exemple, diminution postprandiale) difficilement détectables. En revanche, quand la période d'éveil se prolonge au-delà de 16 heures, l'attention soutenue de la plupart des individus se dégrade progressivement sous l'influence de la durée d'éveil et des fluctuations circadiennes.

Des études en laboratoire[10] ont montré qu'une privation totale d'une nuit de sommeil ou une restriction chronique (7 jours à 4 heures de sommeil par nuit) diminuent notre vitesse de réaction et augmentent le nombre d'erreurs objectivé à partir d'un test de référence de la vigilance psychomotrice, le PVT ou Psychomotor Vigilance Test. De plus, 7 jours à 4 heures de sommeil par nuit peuvent entraîner une augmentation du nombre de microsommeils en journée, c'est-à-dire des périodes de 3 à 15 secondes de perte d'attention correspondant à un bref épisode de sommeil.

L'attention soutenue se caractérise par une capacité à répondre à un stimulus imprédictible et peu fréquent sur une période prolongée. Elle est fréquemment évaluée au moyen du test de vigilance psychomotrice (PVT), qui requiert une réponse le plus rapide possible à un stimulus visuel apparaissant de manière aléatoire toutes les 2 à 10 secondes pendant 10 minutes.

10. Rabat A., Gomez-Merino D., Roca-Paixao L., Bougard C., Van Beers P., Dispersyn G., Guillard M., Bourrilhon C., Drogou C., Arnal P.J., Sauvet F., Leger D., Chennaoui M., « *Differential Kinetics in Alteration and Recovery of Cognitive Processes from a Chronic Sleep Restriction in Young Healthy Men* », Front Behav Neurosci. 2016 May 23 ; 10:95. doi : 10.3389/fnbeh.2016.00095. eCollection 2016.

Après 1 à 2 nuits de privation totale de sommeil, une augmentation du nombre d'erreurs de commission (par exemple, le critère évaluant l'inhibition, voir l'encadré suivant) sur une tâche de Go-noGo après 23, 32, 40 et 55 heures d'éveil continu expérimentales et une augmentation du nombre de réponses correctes sur une tâche de N-back dès 24 heures d'éveil continu.

La capacité d'inhibition est le processus propre à chaque être humain qui permet de ne pas répondre à un stimulus inapproprié et ainsi de ne pas laisser l'esprit être envahi par des pensées ou informations non pertinentes. Elle est le plus souvent évaluée à l'aide du paradigme de Go-noGo, qui requiert une réponse automatique à des stimuli fréquents (par exemple, « go ») entrecoupés par des stimuli de non-réponse moins fréquents (par exemple, « noGo »).

Une dégradation de la mémoire de travail, évaluée au moyen d'autres tâches telles que soustraction/addition en série ou la tâche de balayage en mémoire dite « de Sternberg », a également été rapportée lors de périodes de privation de sommeil.

La mémoire de travail réfère à la capacité à traiter et à manipuler mentalement des informations données dans le moment présent. Le test de la tâche de N-back est souvent utilisé pour évaluer cette capacité, qui consiste à présenter à un individu une série d'items (lettres, chiffres ou images) que l'individu devra comparer avec un item apparu n-positions avant dans la série. Le facteur n varie classiquement de 1 à 3.

Il est à noter que les tâches les plus complexes sont les tâches les moins affectées par la privation de sommeil, suggérant un phénomène de réponses cérébrales compensatoires avec l'augmentation de la difficulté de la tâche (par exemple, l'activation d'aires cérébrales non activées dans des conditions de repos et une activation plus importante des zones principales d'implications).

À savoir

Une petite diminution du temps de sommeil (de 1 à 2 heures par nuit) sur plusieurs jours peut avoir les mêmes conséquences sur nos performances mentales qu'une privation unique de sommeil.

Sur le plan des performances mentales, en combien de temps récupère-t-on à la suite d'une privation de sommeil ?

La cinétique de récupération à la suite d'une période de privation ou de restriction de sommeil est un aspect moins investigué mais tout aussi important. Elle dépend à la fois du nombre de nuits de récupération et surtout de la durée des nuits de récupération. En effet, tandis que 2 nuits de récupération (9 heures passées au lit par nuit) permettent de restaurer la dégradation de l'attention soutenue induite par une nuit de privation totale de sommeil, 5 nuits de récupération (6 heures passées au lit par nuit) ne sont pas suffisantes pour retrouver des valeurs de base. De la même façon, 3 nuits de récupération (8 heures passées au lit par nuit) ne sont pas suffisantes pour restaurer l'attention soutenue à des niveaux de base à la suite d'une période de 7 jours de restriction modérée (de 5 à 7 heures passées au lit par nuit). Plus le temps passé au lit lors d'une nuit de récupération est important, plus la restauration des performances est améliorée à la suite d'une période de 5 jours de restriction de sommeil sévère (4 heures passées au lit par nuit). À niveau de dégradation équivalent, la récupération après une période de restriction de sommeil de plus de 5 jours est plus longue qu'une période de privation totale de 1 à 2 nuits de sommeil, suggérant des réponses centrales adaptatives pouvant se situer au niveau cellulaire.

La dégradation de la performance cognitive induite par la privation de sommeil varie considérablement d'un individu à l'autre ; des auteurs[11] ont observé une réponse individuelle à cette dégradation des performances, appelée également « différences interindividuelles ». Par contre, les différences pour un même sujet sont stables appelées « différences intra-individuelles ». Cette stabilité constitue un véritable trait de vulnérabilité aux conséquences de la privation de sommeil qui se retrouve sur les différentes fonctions cognitives, de manière moins marquée, et également dans les différentes modes de privation ou de restriction de sommeil (par exemple, un individu vulnérable aux effets de la privation de sommeil le sera également à la restriction de sommeil). Les bases biologiques de ce trait de vulnérabilité ne sont pas encore bien élucidées. Plusieurs études en imagerie fonctionnelle suggèrent que les individus vulnérables auraient une diminution d'activité des zones fronto-pariétales

11. Van Dongen, H. P., Baynard M. D., Maislin G., Dinges D. F. (2004), « *Systematic interindividual differences in neurobehavioral impairment from sleep loss : evidence of trait-like differential vulnerability* », Sleep 27(3): 423-433.

plus importante en privation de sommeil et à l'état basal que les individus résistants.

Sur notre performance physique

La dette de sommeil n'a pas d'effet direct sur notre force musculaire ou notre capacité d'endurance mais par contre altère l'attention, la prise de décision, la motivation, la perception de l'effort, l'humeur, ce qui affecte donc indirectement notre performance physique, notamment dans les sports d'équipe ou de combat. La dette de sommeil pourrait aussi être un facteur de risque de lésion musculo-articulaire et retarderait la cicatrisation.

Il est à noter que le sommeil et l'exercice physique ont une influence réciproque compte tenu de l'existence d'interactions complexes et bilatérales impliquant des processus à la fois physiologiques et psychologiques. Pour un individu en bonne santé, la pratique d'une activité physique régulière est considérée comme bénéfique pour le sommeil tout en dépendant de nombreux facteurs tels que le sexe, l'âge, le niveau de forme physique, la qualité du sommeil et les caractéristiques de l'exercice (durée, intensité, heure de pratique, environnement). Sur la base de recommandations pratiques, un entraînement physique modéré de type aérobie pourrait être également prescrit comme un traitement non pharmacologique des troubles du sommeil tels que l'insomnie et l'apnée du sommeil.

Pour parler des réels effets de la privation de sommeil sur les performances physiques et sportives il faut donc distinguer les performances de longue durée (course de fond, triathlon longue distance, voile, etc.), les performances de courte durée (haltérophilie, sprints, etc.), les sports esthétiques (patinage artistique, natation synchronisée, gymnastique...), les sports « d'adresse » (tir à l'arc, golf...) et les sports collectifs (football, rugby, handball, volley-ball...). Globalement, les performances de courte durée faisant appel à la filière énergétique anaérobie ne sont pas trop affectées par 1 ou 2 nuits blanches. La privation de sommeil affecte essentiellement la performance lors d'exercices prolongés sollicitant donc la filière énergétique dite « aérobie ». Ainsi il se pourrait que la détérioration de la performance lors d'efforts prolongés réalisés en situation de privation de sommeil soit liée à une tolérance à l'exercice plus faible. L'augmentation de cette pénibilité pourrait être due à la production de ces fameuses substances inflammatoires décrites auparavant qui exacerbent la douleur lors d'une privation de sommeil ou d'une dette de sommeil chronique. Peu d'études ont évalué la performance cognitive chez l'athlète en privation de sommeil. En 2012, les équipes de Taheri et Arabameri[12] ont montré chez des athlètes universitaires qu'une nuit de privation de sommeil diminue le temps de réaction et n'affecte pas la performance physique anaérobie.

Sur la tolérance aux conditions environnementales

La dette de sommeil (aiguë ou chronique) ne favorise pas l'acclimatation aux contraintes environnementales comme la chaleur ou le froid. En effet, dans plus de 20 % des cas de coup de chaleur au repos ou à la suite d'un exercice physique, une privation de sommeil est toujours associée. L'effet du manque de sommeil se traduit par une plus faible augmentation du diamètre des vaisseaux sanguins à la chaleur et une diminution de la quantité de sueur évacuée lors d'un exercice physique. La dette de sommeil augmente aussi le risque de survenue de pathologies induites par le froid (hypothermie, gelure des extrémités). Ainsi, dans certaines conditions environnementales de fortes chaleurs ou de grandes périodes de froid,

12. Morteza Taheri, Elaheh Arabameri, « *The effect of sleep deprivation on choice reaction time and anaerobic power of college student athletes* », Asian J Sports Med 2012 Mar ; 3(1):15-20. doi : 10.5812/asjsm.34719.

une personne en manque de sommeil mettra beaucoup plus de temps à s'adapter physiologiquement et psychologiquement à ces conditions.

Sur notre immunité

Une nuit blanche ou une restriction importante de sommeil peuvent entraîner une perturbation de notre système immunitaire souvent associée à une inflammation dans l'organisme. Ces perturbations pourraient ainsi favoriser ou aggraver la survenue d'infections virales et bactériennes et altérer la réponse vaccinale à la suite d'une vaccination, mais aussi conduire à des troubles métaboliques et cardio-vasculaires.

Les conséquences d'un manque chronique de sommeil

La réduction à long terme de la durée et de la qualité de son sommeil a des conséquences délétères sur le bon fonctionnement de notre corps. L'ensemble des grandes fonctions physiologiques et biologiques du corps humain est altéré. Ce manque répété de sommeil peut avoir des conséquences néfastes pour notre organisme en augmentant le risque de développer certaines pathologies (surpoids, obésité, diabète, maladies cardio-vasculaires, hypertension artérielle, troubles gastro-intestinaux, infections virales, dépression). En effet, le manque de sommeil va altérer toutes les fonctions du sommeil décrites précédemment, en entraînant particulièrement des modifications dans l'expression de certaines hormones (en particulier les hormones du stress) ou de cellules immunitaires et de protéines inflammatoires. Il va aussi favoriser la baisse de motivation, des difficultés d'apprentissage, le décrochage scolaire, les problèmes au niveau professionnel, sans oublier la somnolence au volant, première cause d'accident sur autoroute. De mauvaises conditions de sommeil (bruit, lumière, mauvaise literie, animaux domestiques sur le lit...) vont altérer de façon chronique l'organisation du sommeil, favoriser les réveils nocturnes et diminuer le temps passé en sommeil lent profond.

Une durée de sommeil inférieure à 6 heures par nuit pendant 5 ans peut induire un risque accru de mort subite, d'hypertension artérielle, d'accident vasculaire cérébral. Une étude a montré que dormir 1 heure de plus chaque nuit soignerait certaines formes d'hypertension. La restriction chronique de sommeil augmenterait la survenue d'un cancer, en particulier le cancer du sein, de la prostate ou colorectal. En France, la Haute Autorité de santé (HAS[13]) a publié, en 2012, des recommandations de bonnes pratiques pour la surveillance des travailleurs postés et/ou de nuit. Le Centre international de recherche sur le cancer (Circ) a étudié l'impact de cette organisation du travail sur le risque de cancer, l'amenant à ajouter le travail posté qui induit la perturbation des rythmes circadiens à la liste des agents « probablement cancérogènes » (groupe 2A) en 2007.

---

13. Institut national du sommeil et de la vigilance (INSV), 14e Journée du sommeil, vendredi 28 mars 2014, *« Sommeil et transports »*.

Des troubles cognitifs et psychologiques sont aussi décrits, avec l'apparition d'un état dépressif, une baisse de motivation, une altération des performances mentales, des conduites addictives, une anxiété, un trouble du comportement, des difficultés d'apprentissage, un décrochage scolaire… La HAS a également signalé pour les femmes enceintes une augmentation du risque d'avortement spontané, d'accouchement prématuré et de retard de croissance intra-utérin. Enfin, n'oublions pas, la somnolence au volant, première cause d'accident sur autoroute, multiplie le risque d'accident par 3 à 5 selon les études (INSV, 2014).

PARTIE 2

Quelles sont les stratégies pour limiter ce manque de sommeil ?

Un manque de sommeil entraîne une moindre vigilance avec notamment des troubles de la mémoire de travail, des capacités plus complexes comme la logique, la stratégie ou la planification. Il est donc primordial de livrer certains conseils adaptés sur l'hygiène de vie et de sommeil, et d'identifier et de développer des stratégies efficaces susceptibles de diminuer les déficits essentiellement cognitifs liés au manque de sommeil. Les aides dites « pharmacologiques » représentent le recours ultime lorsque les aides dites « non pharmacologiques » ou « ergonomiques » n'ont pu être utilisées ou ont fait preuve de leur inefficacité. Ces dernières devront être encadrées par le corps médical (médecin généraliste et spécialiste du sommeil).

Il est fondamental, avant une période d'altération ou de modification de son rythme veille-sommeil, de favoriser un sommeil suffisant et de bonne qualité. L'objectif est de supprimer toute dette de sommeil, même légère, qui engendre une altération de la performance et augmente la vulnérabilité (diminue la tolérance) à la privation de sommeil. Il n'y a pas de norme précise relative au nombre d'heures idéal de sommeil. Cela dépend de l'âge, du degré d'activité, du patrimoine génétique… La plupart des adultes ont besoin d'environ 7 h 30 de sommeil. Mais certains se contentent de moins de 7 heures. D'autres ont besoin d'un minimum de 9 heures pour être performants. Pour assurer un temps de sommeil d'au moins 8 heures, il convient de laisser une période de repos suffisante, de 10 à 12 heures, permettant de se restaurer, de prendre une douche, de se mettre en condition pour dormir et de se réveiller... Cette période de sommeil doit être de préférence prise en 22 heures et 8 heures et dans un environnement propice au sommeil.

De combien d'heures de sommeil ai-je besoin ?

Pour connaître vos besoins naturels de sommeil, calculez votre durée moyenne de sommeil pendant la deuxième semaine de vos vacances annuelles. Pour la majorité d'entre nous, elle sera supérieure à notre durée de sommeil habituelle...

Les stratégies comportementales et ergonomiques

La meilleure façon de limiter la dégradation de performance induite par une dette de sommeil est de dormir. Cette affirmation triviale est importante à rappeler puisqu'il n'y a pas de substitut au sommeil et qu'il ne doit pas être sacrifié au détriment d'une autre activité. Par conséquent, la première des stratégies à mettre en place, lorsque la situation le permet, est la « **sanctuarisation de son sommeil de nuit** » et dans certaines situations : **les siestes.**

De nombreux travaux scientifiques[1,2,3] conduits en laboratoire et sur le terrain ont montré que la sieste était efficace pour limiter en particulier la dégradation des performances induites par la privation de sommeil.

1. Bonnet, M., H., S. Gomez, O. Wirth and D. L. Arand (1995). « *The use of caffeine versus prophylactic naps in sustained performance* », Sleep 18(2): 97-104.
2. Dinges, D. F., M. T. Orne, W. G. Whitehouse and E. C. Orne (1987). « *Temporal placement of a nap for alertness : contributions of circadian phase and prior wakefulness* », Sleep 10(4): 313-329.
3. Signal, T. L., P. H. Gander, H. Anderson and S. Brash (2009). « *Scheduled napping as a countermeasure to sleepiness in air traffic controllers* », J Sleep Res 18(1): 11-1.

Son efficacité dépend principalement de 2 facteurs, que sont la durée et le créneau horaire auquel elle est réalisée. Plusieurs auteurs[4,5] ont montré une limitation de dégradation de la performance cognitive à la suite de siestes d'une durée de 15 minutes à 2 heures au cours de périodes d'éveil de 1 à 3 nuits de privation totale de sommeil.

Cette relation dose-réponse entre la durée de sieste et la performance au cours des 24 heures premières heures d'éveil continu a été observée pour des siestes prophylactiques (par exemple, réalisées avant la période de privation de sommeil) au cours d'un protocole de 52 heures d'éveil continu (siestes d'une durée de 2, 4 et 8 heures avant la période d'éveil continu). Il semblerait que la période de sommeil prophylactique doive être la plus longue possible afin de limiter la dégradation des performances pendant une privation totale de sommeil subséquente. Une étude du Walter Reed Army Institute of Research, aux

4. Dinges, D. F., S. M. Doran, J. Mullington, H. P. Van Dongen, N. J. Price, S. Samuel, C. M. M. and J. W. Powell (2000), *« Neurobehavioral effects of 66 hr of sustained low-dose caffeine during 88 hr of total sleep deprivation »*, Sleep 23(A20-A21).
5. Doran, S. M., H. P. Van Dongen and D. F. Dinges (2001), *« Sustained attention performance during sleep deprivation : evidence of state instability »*, Arch Ital Biol 139(3): 253-267.

États-Unis[6], est allée plus loin dans l'évaluation d'une période de sommeil prophylactique en montrant qu'une semaine d'extension du temps de sommeil (durée au lit imposée de 10 heures par nuit) limitait la dégradation de l'attention soutenue (nombre de lapses au PVT) au cours d'une période de restriction de sommeil subséquente (3 heures au lit par nuit).

Le moment de réalisation de la sieste influe considérablement sur sa physionomie et son efficacité. En effet, une sieste réalisée à 4 h 30 après 24 heures d'éveil continu est plus bénéfique qu'une sieste réalisée à 21 heures après la même durée d'éveil continu. Les périodes où la température est faible permettent de réduire la latence d'endormissement (on met moins de temps pour s'endormir) et favorisent un sommeil profond, avec l'inconvénient d'une inertie du sommeil au réveil plus importante (par exemple, diminution de la performance cognitive pendant quelques dizaines de minutes après le réveil), mais qui peut être dissipée plus rapidement en s'exposant à la lumière ou en pratiquant une activité physique quand cela est possible. Une étude expérimentale a même montré que lors d'une période de 64 heures

---

6. Rupp, T. L., N. J. Wesensten, P. D. Bliese and T. J. Balkin (2009), « *Banking sleep : realization of benefits during subsequent sleep restriction and recovery* », Sleep 32(3): 311-321.

d'éveil continu chez l'être humain, une sieste de 2 heures réalisée à la température corporelle la plus basse au cours de la deuxième nuit de privation était plus efficace que 20 mg de dextroamphétamine (un médicament servant à traiter l'hyperactivité ou la narcolepsie ainsi que l'hypersomnie) ou 300 mg de modafinil (psychostimulant utilisé dans le traitement de la narcolepsie et de l'hypersomnie).

De façon intéressante, il existe également des effets bénéfiques de la sieste puisqu'elle limite par exemple l'augmentation de ces fameuses protéines inflammatoires au cours d'une privation totale de sommeil ou d'éveils prolongés.

La provision de sommeil

Dans certaines conditions, il a été démontré que nous pouvions faire de la provision de sommeil. En effet, une étude récente[7] a mis en évidence que laisser des sujets aller se coucher 2 heures plus tôt pendant une semaine, entraînant ainsi une provision de sommeil d'environ 75 minutes en moyenne, permettait de limiter les effets délétères d'une privation de sommeil en termes de performance mentale.

7. Arnal, P.J., Sauvet, F., Leger, D., Van Beers, P., Bayon, V., Bougard, C., Rabat, A., et al. 2015, « *Benefits of sleep extension on sustained attention and sleep pressure before and during total sleep deprivation and recovery* », Sleep, 38(12): 1935–1943. doi :10.5665/sleep.5244.

Les siestes

En situation de dette de sommeil notamment, toute période de sommeil, même courte, est bonne à prendre, quelle que soit la période du jour ou de la nuit. Il conviendra donc de dormir le plus possible en fractionnant son sommeil. Mais attention, il n'y a pas que des effets bénéfiques.

Les effets de la sieste s'avèrent donc bénéfiques lorsque l'on est en manque aigu ou chronique de sommeil. Si l'efficacité des siestes sur le plan de la vigilance, de la mémoire, de l'attention et de l'éveil est bien démontrée, les effets d'une sieste peuvent être néfastes pour une personne qui n'est pas en manque de sommeil ou qui souffre d'insomnie. La sieste risque alors de perturber le sommeil de nuit, notamment si cette sieste est réalisée l'après-midi et surtout après 16 heures. D'autre part, lorsque la sieste est longue (> 45 minutes), on peut entrer dans une période de sommeil profond (surtout si l'on est en dette de sommeil), ce qui induira une période prolongée d'inertie au réveil (de 15 à 40 minutes).

Ainsi, on peut distinguer 3 types de siestes (longue, courte ou micro) en fonction de leur durée. Le choix sera guidé par la période impartie, l'objectif attendu et les conséquences d'éventuels effets secondaires.

La sieste dite « longue », correspondant à 1 ou 2 cycles de sommeil

Elles sont très utiles en récupération après une période de privation ou de restriction de sommeil ou lorsque les conditions de sommeil sont de mauvaise qualité (chaleur, bruit...). Néanmoins, il faudra tenir compte de la période d'inertie au réveil, c'est-à-dire une sorte d'éveil confus, allant de 15 à 40 minutes, pendant laquelle la personne réveillée n'a pas encore retrouvé le niveau optimal de ses capacités. Cette période interdit la reprise immédiate d'une activité à risque. Lorsqu'elle est pratiquée après 16 heures ou chez des mauvais dormeurs, elle peut retarder le sommeil nocturne suivant. Elle est d'autant plus longue que le sommeil la précédant a été profond et que sa durée a été longue. L'horaire propice est celui où l'on trouve facilement le sommeil c'est-à-dire entre 14 heures et 16 heures et entre 2 heures et 6 heures.

La sieste « courte » ou *nap* chez les Anglo-Saxons

Ce sont des périodes de sommeil de courte durée, d'environ 20 à 30 minutes, possédant un pouvoir récupérateur important. Lors des siestes courtes, le sommeil profond n'est pas atteint, ce qui évite le phénomène d'inertie du sommeil décrit auparavant mais surtout de perturber le sommeil de nuit.

Pratiquée après le déjeuner, elle a pour bénéfice de diminuer la somnolence et le risque d'accident liés à la baisse de vigilance physiologique que l'on subit classiquement en début d'après-midi. Lors de périodes d'altération du cycle veille-sommeil, les siestes courtes permettent de maintenir un niveau de performance minimal, compatible avec les exigences opérationnelles. Elles peuvent alors être utilisées plusieurs fois par 24 heures, notamment aux périodes où le niveau de vigilance est habituellement le plus bas (2 heures-4 heures et 13 heures-15 heures). L'efficacité de ce type de sieste dépendra de la qualité du sommeil. Chez des sujets habitués à la sieste, privés de sommeil, l'effet de la sieste sera plus important. Chez ces sujets, la sieste peut avoir un effet éveillant supérieur à celui de la prise de café par exemple.

La microsieste

Une microsieste rafraîchissante, sieste flash, ou *powernap* dure de 5 à 15 minutes. Le célèbre peintre Salvador Dali était adepte de ce type de sieste. Il la pratiquait en position assise, tenant une cuillère entre ses doigts que, lorsqu'il s'endormait, il lâchait. Évidemment, le bruit que provoquait la chute de l'objet le réveillait immédiatement. La microsieste s'apparente à celle que l'on peut connaître devant son ordinateur lorsqu'on est réveillé par la chute de la tête. La limite de cette microsieste est qu'elle est bien évidemment insuffisante pour nous faire tenir tout l'après-midi… ou alors il faut en faire plusieurs.

La lumière

La lumière est primordiale pour notre organisme. Elle régule ce qu'on nomme l'« horloge biologique », ce qui a pour conséquence d'améliorer la synchronisation des rythmes biologiques. L'horloge biologique est une structure interne au niveau du cerveau ; précisément, au niveau de l'hypothalamus. Cette horloge permet de renseigner notre organisme sur ce qu'il doit faire et comment il doit réagir. Elle bloque la sécrétion de l'hormone du sommeil (la mélatonine), sécrétée dans le cerveau dès 21 heures si l'obscurité est totale.

Elle augmente le niveau de sérotonine (neurotransmetteur), qui a un effet antidépresseur et régulateur de l'appétit. Une exposition chronique à une faible intensité lumineuse (< 2 000 lux), comme en hiver, peut favoriser la somnolence diurne, c'est-à-dire un fort besoin de dormir à n'importe quel moment de la journée et ce de manière fréquente, correspondant souvent à un manque de sommeil, et des troubles de l'humeur, comparables à ceux observés au cours de la dépression saisonnière ou SAD (Seasonal Affective Disorder). Les symptômes de cette pathologie sont déjà présents dans la dépression classique comme l'asthénie : une tristesse et une diminution des interactions sociales. On note des symptômes moins classiques tels que l'hypersomnie, la diminution de la libido et une hyperphagie avec une appétence particulière pour les hydrates de carbone accompagnée d'une prise de poids. Le phénomène doit se répéter plusieurs années, à la même période. Ce trouble se caractérise aussi par l'efficacité la photothérapie chez ses patients. Au contraire, l'exposition à la lumière intense (> 5 000 lux) aide à maintenir un éveil de qualité à court terme. À moyen et à long terme, elle a des effets favorables sur l'humeur et la qualité de vie. Cette exposition à des horaires appropriés permet de recaler les rythmes qui ne sont plus en phase avec leur rythme endogène et le monde extérieur. Cependant, l'exposition le soir (après 20 heures) à la lumière artificielle des écrans d'ordinateur, du Smartphone, de lampes à LED induit un retard de phase et retarde l'endormissement.

L'exposition lumineuse est le synchronisateur principal de l'horloge circadienne et affecte ainsi la rythmicité circadienne d'une multitude de fonctions telles que l'alternance veille-sommeil, la thermorégulation, la sécrétion de nombreuses hormones, et permet ainsi de réguler le comportement et la physiologie de façon optimale au cours d'une journée de 24 heures.

De plus, des études ont montré que l'exposition à la lumière blanche (polychromatique) de forte intensité améliore la performance cognitive pendant une privation de sommeil.

Les méthodes organisationnelles

Un changement fréquent des postes de travail, une ambiance et des tâches variées et non monotones permettent de maintenir un niveau de vigilance compatible avec la sécurité, surtout lors de privations modérées de sommeil. Lors de périodes d'altération du cycle veille-sommeil, il faudra renforcer les contrôles croisés. À titre d'exemple, dans certains hôpitaux américains, les personnels ne peuvent plus délivrer seuls de médicaments après 12 heures de présence, un contrôle est obligatoire.

La programmation des activités sur le long terme, en particulier pour les personnels ayant des horaires atypiques (travail de nuit, horaires variables, travail posté…), doit prendre en considération ces contraintes afin de limiter les effets d'accumulation de la fatigue. Un rythme « 5-2-5-4 » qui signifie 5 levers tôt, 2 jours de repos, 5 couchers tard et 4 jours de repos représente un bon compromis. Pour ces travailleurs en particulier, il est conseillé de se parler afin d'augmenter le flux de communication permettant ainsi de rester éveiller et de faciliter la détection de l'endormissement.

Les contre-mesures nutritionnelles

La caféine est le stimulant nutritionnel le plus utilisé sous différentes formes (café, sodas, chewing-gums, cachets). Certains acides aminés ont également montré des effets éveillants (par exemple, la tyrosine et d'autres d'acides aminés)[8].

Voir la partie 7 « Le sommeil et l'alimentation ».

8. Pigeau, R., P. Naitoh, A. Buguet, C. McCann, J. Baranski, M. Taylor, M. Thompson and K. I. I. Mac (1995), « *Modafinil, d-amphetamine and placebo during 64 hours of sustained mental work. I. Effects on mood, fatigue, cognitive performance and body temperature* », J Sleep Res 4(4): 212-228.

PARTIE 3

Le sommeil au cours de la vie

Le sommeil du fœtus

L'existence d'un sommeil fœtal a pu être mise en évidence grâce aux techniques d'échographie obstétricale qui ont permis d'enregistrer le rythme cardiaque et les mouvements respiratoires et oculaires. Ainsi dès la 20e semaine, une alternance d'activité et d'immobilité dont la périodicité est identique à celle du futur cycle de sommeil du nouveau-né a été observée. Il ne s'agit pas ici pas de sommeil proprement dit, mais plutôt d'une dormance.

À partir de la 28e semaine, le fœtus commence à dormir, avec l'apparition d'abord du sommeil dit « agité », puis vers la 29e semaine l'apparition du sommeil dit « calme », équivalents réciproquement du sommeil paradoxal et du sommeil lent profond de l'adulte. Ces d sommeils alternent régulièrement à la 36e semaine de gestation (8 mois).

Le sommeil du bébé

Dès sa naissance, le nouveau-né continue à beaucoup dormir.

De la naissance à 1 mois

En moyenne, un nouveau-né dort entre 14 heures et 20 heures sur 24 heures. Il vit entre des phases de veille (calme, active ou agitée) et des phases de sommeil soit calme, soit agité, et ce avec un rythme qui se répète toutes les 3 à 4 heures. Les périodes d'éveil sont plus longues en fin de journée, c'est-à-dire entre 17 heures et 22 heures. La durée d'un cycle de sommeil à la naissance est de 50 minutes, leur répartition (jour et nuit) et leur répétition (de 16 à 20 fois par 24 heures) sont très variables d'un nouveau-né à l'autre. Le nouveau-né s'endort presque toujours en sommeil agité. Cette période d'une durée de 25 minutes représente de 50 à 60 % du temps total de sommeil. Ce sommeil agité impressionne très souvent les parents, car, en effet, il est caractérisé par une respiration rapide irrégulière et des mouvements corporels. Rassurez-vous, votre bébé dort tout autant en sommeil agité qu'en sommeil calme. Rien ne sert d'accourir au moindre bruit et de le réveiller durant cette période indispensable pour la maturation de son cerveau. La période de « sommeil calme », qui dure environ 20 minutes, est caractérisée quant à elle par une respiration plus régulière, une immobilité corporelle interrompue parfois par quelques sursauts.

À savoir

Le cododo, ou cosleeping, est à éviter. De plus en plus de parents font le choix de dormir avec leur bébé (de 18 à 19 % des enfants) en avançant l'argument que cette technique de couchage favoriserait le bon déroulement de l'allaitement, le sommeil du bébé et le lien parents-enfant en diminuant les angoisses du bébé. Malheureusement, contre ces arguments peu fondés, le cododo favoriserait une mauvaise qualité de sommeil des parents et surtout serait un facteur aggravant de la mort subite du nourrisson. Cela s'explique facilement par le fait que partager son sommeil dans son lit avec son bébé augmente les risques d'étouffement du bébé par l'un des éléments de la literie, la chute du lit, l'écrasement provoqué par l'un des parents en dormant, l'hyperthermie et le manque d'oxygène.

À partir de 3 mois

À partir de cet âge-là, le rythme jour-nuit devient de plus en plus établi. Les synchronisateurs des rythmes comme l'alimentation et la lumière deviennent importants. La durée de son sommeil agité diminue et la durée des phases d'éveil pendant la journée augmente fortement. Les différents stades de sommeil tels qu'ils existent chez l'adulte se distinguent.

De 6 mois à 2 ans

Le sommeil agité représentera environ 25 % à l'âge de 6 mois, et de 20 à 25 % à la fin de la première année, soit des valeurs déjà proches de celles de l'adulte. Entre 6 mois et 1 an, son sommeil ressemble de plus en plus à celui de l'adulte, avec une répartition des stades de sommeil quasi identique. On remarque également une diminution du nombre de siestes, pour atteindre 1 sieste par jour à 18 mois. Par contre, la durée de sommeil sera d'environ 15 heures par jour pour un bébé de 6 mois, et entre 12 et 15 heures pour un enfant de 12 à 18 mois.

Le sommeil de l'enfant

À partir de 2 ans, des changements apparaissent : la durée des cycles est plus longue et le temps total de sommeil est de 13 à 14 heures par jour, pour atteindre vers 3 ans entre 10 et 14 heures.

Les enfants de cet âge ont passé plus de temps à dormir qu'à être éveillés : 40 % de l'enfance est passée à dormir. Le sommeil est particulièrement primordial pour eux, car il a un rôle majeur et un impact direct sur le développement à la fois cognitif et physique. Il est en particulier nécessaire à leur croissance et à la maturation de leur cerveau.

Comme évoqué précédemment, il existe deux types ou états de sommeil alternés : mouvement oculaire non rapide (NREM) ou sommeil « calme ». Pendant les états profonds du sommeil NREM, le sang arrive de manière plus importante au niveau des muscles, l'énergie dépensée pendant la journée est restaurée, la croissance et la réparation des tissus se produisent et des hormones importantes sont libérées pour la croissance et le développement. En effet, c'est l'hormone de croissance, qui est importante pour la croissance : elle est sécrétée pendant le sommeil et en particulier pendant le sommeil dit « calme », les informations acquises pendant la journée s'organisent, la mémoire se construit à cette période. Les enfants ont donc besoin de bien dormir pour grandir, apprendre et se développer mentalement et physiquement. Il y a aussi le sommeil à mouvements oculaires rapides (REM) ou sommeil « actif », durant lequel le cerveau de l'enfant reste actif et des rêves se produisent fréquemment. Le corps reste immobile, la respiration et le rythme cardiaque sont irréguliers. Les bébés passent 50 % de leur temps dans chacun de ces états et le cycle de sommeil est d'environ 50 minutes.

De 2 à 6 ans

Durant cette période, nous observons une diminution du sommeil en journée et la disparition progressive de la sieste, entraînant une redistribution des stades de sommeil de nuit avec une quantité de sommeil lent maintenant très importante et augmentée en première partie de nuit. Cependant, à cet âge, les différences interindividuelles sont toujours très importantes, certains enfants ne feront ainsi plus de sieste à 3 ans alors que d'autres en ont encore besoin jusqu'à 6 ans.

Attention

Un enfant peut parfois avoir du mal à s'endormir. Les parents doivent alors être attentifs aux horaires et à la durée de sa sieste. En effet, une sieste trop longue et/ou trop tardive dans l'après-midi peut entraîner un retard de l'heure du coucher et/ou un éveil difficile le lendemain matin.

De 6 à 10 ans

Le sommeil lent profond reste abondant et de grande qualité, cependant il tend à diminuer légèrement et la latence d'endormissement à augmenter légèrement. Le temps total de sommeil atteint maintenant 12 heures environ, la sieste a disparu et l'heure de coucher est retardée (entre 20 heures à 6 ans et 21 heures à 8 ans). Mais n'oublions pas que chaque enfant a un temps de sommeil qui lui est propre. On parle ainsi de variations « interindividuelles » avec une plage allant de 9 à 15 heures. Ainsi, il existe aussi à cet âge des petits dormeurs, des moyens dormeurs et des longs dormeurs.

Les épisodes de somnambulisme, cauchemars et terreurs nocturnes peuvent perdurer encore à ces âges.

De 10 à 13 ans

Le sommeil devient identique à celui de l'adulte. Avant 13 ans, la somnolence diurne est faible en cas de sommeil nocturne suffisant, les préadolescents ne s'endormant pratiquement pas en journée. La persistance d'une sieste ou d'une somnolence diurne importante peut indiquer une privation de sommeil de l'enfant, induite par une quantité de sommeil nocturne insuffisante. Il sera important, dans ce cas, de faire attention au sommeil nocturne de l'enfant afin de ne pas laisser s'installer chez lui une dette chronique de sommeil.

Le sommeil de l'adolescent

Le sommeil nocturne s'allège (plus que 35 % de sommeil lent profond), la somnolence diurne augmente, le sommeil paradoxal reste constant et le décalage des heures de coucher et de lever apparaît. Ainsi, le rythme veille-sommeil, qui s'était stabilisé, se dégrade et est maintenant plus fragmenté. Il existe aussi des différences interindividuelles entre enfants, en termes de besoin de sommeil.

Le décalage des horaires de coucher et de lever est fréquent chez l'ado et se fait dans le mauvais sens, entraînant ainsi des modifications physiologiques, mais aussi comportementales (coucher tardif et lever tôt pour les obligations scolaires). Le sommeil nocturne est diminué d'environ 2 heures pendant l'adolescence alors que les besoins de sommeil ne sont pourtant pas diminués. Ce décalage du rythme veille-sommeil, associé aux obligations scolaires, entraîne souvent l'adolescent dans une situation de privation chronique de sommeil, qu'il tend à récupérer le week-end par des grasses matinées (augmentation de 45 minutes à 2 heures).

Nous conseillerons, ici plutôt, d'essayer de se réveiller à la même heure que la semaine et faire plutôt une sieste l'après-midi avant 16 heures et d'une durée inférieure à 45 minutes.

Le sommeil et les rythmes biologiques à l'âge adulte

Après l'omniprésence au cours de la période de croissance de l'enfant et de l'adolescent, la place accordée au sommeil diminue à l'âge adulte. Les modes de vie actuels ont entraîné des modifications significatives de la durée totale du sommeil. Le chiffre de 1 heure et demie de sommeil perdu par période de 24 heures sur les cinquante dernières années est souvent avancé.

- **Les contraintes professionnelles :** les horaires de début et de fin de travail, le temps du trajet, le stress au travail perturbent souvent le sommeil. De plus, 25 % des adultes travaillent de nuit ou avec des horaires atypiques.
- **Les contraintes familiales :** les jeunes enfants et la vie de famille perturbent principalement le sommeil des mères.

La durée idéale d'une nuit de sommeil est celle qui permet de se sentir « rafraîchi », d'être en forme et efficace dès le lendemain matin. Pour la majorité de la population française, le besoin de sommeil est compris entre 7 et 8 heures (étude INSV, 2014).

Avec l'âge, les besoins ont tendance à diminuer légèrement. Attention, il ne faut pas confondre les besoins physiologiques de sommeil, déterminés génétiquement, avec le temps habituel de sommeil, qui est la conséquence de nos habitudes de vie et de nos contraintes familiales et professionnelles sur notre sommeil. Le sommeil de début de nuit est composé essentiellement de sommeil lent léger et profond alors que la fin de nuit est très riche en sommeil lent léger et paradoxal. Une nuit de sommeil chez un adulte comprend de 20 à 25 % de sommeil lent profond, de 20 à 25 % de sommeil paradoxal et de 50 à 60 % de sommeil lent léger.

Des petits et des gros dormeurs ?

Certaines personnes (5 % de la population) dont les besoins en sommeil sont strictement inférieurs à 6 heures de sommeil par 24 heures, sont qualifiées de « petits dormeurs ». À l'inverse, au-delà de 9 heures, ils sont de « gros dormeurs » (de 10 à 15 %). Cependant, plusieurs études montrent que le temps de sommeil quotidien inférieur à 6 heures par 24 heures est, comme évoqué dans le chapitre précédent, associé à une plus grande fréquence de maladies cardio-vasculaires, métaboliques voire de certains cancers.

Des « couche-tôt » et des « couche-tard » ?

L'autre grande différence entre les individus réside dans la plage préférentielle consacrée à notre sommeil nocturne. La plupart des individus ressentent l'envie de se coucher entre 22 h 30 et minuit et de se lever entre 6 h 30 et 8 heures. Il existe cependant environ 20 % de la population qui préfère se coucher plus tôt et se lever plus tôt et à peu près la même proportion qui, au contraire, préfère se coucher plus tard et se lever plus tard que ces horaires médians. Ces écarts sont dus à une périodicité et à un calage différent de notre horloge biologique sur l'échelle des 24 heures. L'origine de ces divergences est principalement génétique et semble être difficilement modifiable. Des inconvénients peuvent se manifester au quotidien, du fait des contraintes professionnelles. Les couche-tard sont notamment gênés quand ils doivent respecter des horaires de travail stricts le matin. Un risque de déficit chronique de sommeil pourrait apparaître chez les « couche-tard ». Il faut alors respecter un rythme de lever et de coucher strict pour adapter l'horloge biologique aux contraintes professionnelles. S'il est difficile de changer de chronotype[1], il est assez simple de se resynchroniser et de réajuster ses rythmes biologiques grâce aux différents synchronisateurs que sont les repas et surtout l'exposition à la lumière.

1. Tendance pour un individu à être plus efficace le matin ou le soir.

Le sommeil des seniors

Après 50 ans, le sommeil se modifie significativement et plusieurs changements sont constatés, comme une réduction du temps total de sommeil de nuit et un allongement du délai d'endormissement. Il est normalement de moins de 30 minutes avant 50 ans et peut augmenter progressivement pour atteindre plus de 45 minutes à 80 ans.

On peut remarquer que le sommeil paradoxal a tendance à survenir plus rapidement après l'endormissement, ainsi qu'une difficulté à maintenir le sommeil de nuit. Les éveils intra-sommeil (entre chaque « train du sommeil ») augmentent en nombre et en durée, contribuant à diminuer le temps total de sommeil sans modifier le temps au lit, mais donnant la sensation d'un éveil complet. Le besoin de sommeil se répartit différemment sur 24 heures, avec une augmentation de la fréquence des siestes diurnes, et donc une fragmentation du sommeil en 2 périodes.

Au-delà de 65 ans, la durée totale de sommeil ne change pas, mais le sommeil est un peu plus fractionné en 2 périodes (ou plus). Les phases de réveil nocturnes sont plus longues et une sieste, en journée, devient nécessaire.

Le niveau de sécrétion de mélatonine diminue à partir de 50 ans

À cette évolution du sommeil peuvent s'ajouter les conséquences d'une moins bonne vision. La cataracte, fréquente avec l'âge, diminue le passage de la lumière qui arrive sur la rétine.

Les seniors sont également plus sensibles aux bruits environnants, car le sommeil se compose alors de plus en plus de stades de sommeil léger, et ils perdent leurs capacités de régulation face au froid ou à la chaleur excessive. Des douleurs arthrosiques et une éventuelle fatigabilité peuvent parfois compromettre les sorties, ce qui diminue l'exposition à la lumière naturelle.

Tous ces éléments associés diminuent l'effet bénéfique de la lumière et de l'activité physique, qui donnent un signal fondamental pour caler et synchroniser les rythmes veille-sommeil sur les horaires sociaux, et aider à bien dormir la nuit.

Rester dans la pénombre durant la journée va donc entraîner des troubles du sommeil nocturne et amener des somnolences pendant la journée. Si, en plus, il n'y a que peu ou pas d'activité physique (sortir, marcher, jouer aux cartes, etc.), par choix ou par contrainte, et que la personne reste alitée trop souvent la journée, le sommeil de nuit sera encore plus fractionné, plus léger et elle ressentira une somnolence diurne encore plus forte la journée avec un besoin plus marqué de faire des siestes.

Le besoin de sieste est un besoin physiologique (donc naturel) qui existe dès l'enfance et qui revient avec le vieillissement.

En effet, près de la moitié des seniors renoue avec la sieste. Ce retour à la sieste s'accompagne d'une modification de sa durée : courte chez les 50-60 ans, elle s'allonge progressivement jusqu'à 1 heure et plus au-delà de 80 ans. Cela peut entraîner des difficultés d'endormissement la nuit qui suit. En effet, trop dormir dans la journée « consomme » du sommeil sur la nuit suivante et diminue donc le besoin de sommeil de nuit. De plus, à partir de 50 ans, le nombre de siestes par semaine augmente, allant de 3 siestes entre 50 et 60 ans à 6 siestes après 80 ans.

Temps de sommeil recommandé selon l'âge

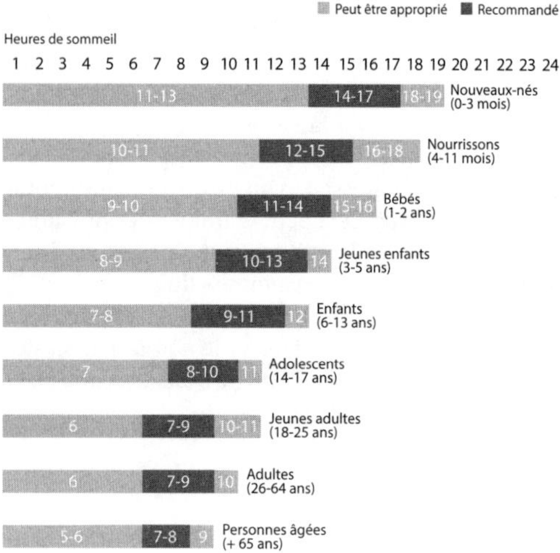

Source : National Sleep Foundation

PARTIE 4

Les pathologies du sommeil

Les troubles du sommeil constituent, de l'avis de tous ceux qui se sont penchés sur cette question, un important problème de santé, tant par leur fréquence que par leurs répercussions humaines, sociales et économiques.

Les troubles du sommeil ont des origines très diverses et sont généralement classés parmi les troubles comportementaux. Ils peuvent être le symptôme d'un déséquilibre, perçu ou non par la personne atteinte. L'insomnie et l'hypersomnie sont les troubles du sommeil les plus fréquents.

La classification internationale de ces troubles (ICSD, 3e édition, 2014), établie par l'American Academy of Sleep Medicine, distingue 7 grandes catégories:

- les insomnies;
- les troubles centraux d'hypersomnolence (hypersomnies, narcolepsie);
- les troubles respiratoires du sommeil (syndromes d'apnées centrales du sommeil);
- les syndromes d'apnées obstructives du sommeil, syndromes d'hypoventilation);
- les troubles du rythme circadien;
- les troubles moteurs du sommeil;
- les parasomnies;
- les autres troubles du sommeil.

En pratique, on peut réorganiser la majeure partie de ces troubles en 3 grandes catégories regroupées en signes fonctionnels qui peuvent être à l'origine d'une éventuelle consultation médicale : l'insomnie, l'hypersomnie et les parasomnies.

L'insomnie, l'hypersomnie et les parasomnies

L'insomnie, qui traduit une diminution du temps de sommeil liée à la difficulté à trouver le sommeil ou à des réveils nocturnes ou précoces.

L'hypersomnolence, qui traduit un excès de sommeil, endormissement pendant la journée, ou une somnolence diurne excessive. On peut également regrouper dans cette catégorie les troubles respiratoires du sommeil, dont l'hypersomnolence diurne est une des principales conséquences.

Les parasomnies, plus rares, regroupant les terreurs nocturnes, les cauchemars et le somnambulisme.

La prise en charge des troubles du sommeil (au sens large : insomnie, et somnolence ou hypersomnolence) nécessite donc une mise au point sur la signification exacte de ces 2 sensations qui font l'objet d'un malentendu récurrent.

L'insomnie

Dans la récente étude portant sur la nutrition et le sommeil de l'INSV, l'insomnie concernerait 13,9 % des hommes et 22 % des femmes (INSV, 2015). Par catégorie d'âge, on observe une insomnie autour de 16 % pour les 18-34 ans et les 65 ans et plus, contre plus de 22 % pour les 35-64 ans. La caractéristique essentielle du trouble d'insomnie est une insatisfaction par rapport à la quantité ou à la qualité de sommeil accompagnée d'une difficulté à initier ou à maintenir le sommeil.

La définition de l'insomnie comporte différents critères – une plainte prédominante d'insatisfaction par rapport à la quantité ou à la qualité du sommeil, associée à un (ou plusieurs) des symptômes suivants :

- une difficulté à initier le sommeil. À titre illustratif, la difficulté à initier le sommeil est définie par une latence (temps pour s'endormir) subjective du sommeil supérieure à 20-30 minutes, et la difficulté à maintenir le sommeil par un temps subjectif éveillé après endormissement supérieur à 20-30 minutes.
- une difficulté à maintenir le sommeil, caractérisée par des réveils fréquents ou des problèmes à se rendormir après des réveils.
- un réveil matinal avec incapacité de se rendormir. Bien qu'il n'y ait pas de définition standard du réveil tôt le matin, ce symptôme implique l'éveil au moins 30 minutes avant l'heure prévue et avant que le temps de sommeil total ait atteint 6,5 heures.

- la perturbation du sommeil est à l'origine d'une souffrance cliniquement significative ou d'une altération dans les domaines social, professionnel, scolaire, universitaire, comportemental, ou un autre domaine important du fonctionnement.
- la difficulté de sommeil se produit au moins 3 nuits par semaine.
- la difficulté de sommeil est présente depuis au moins 3 mois.
- la difficulté de sommeil se produit en dépit de la possibilité adéquate de sommeil.
- l'insomnie n'est pas mieux expliquée par, et ne survient pas exclusivement au cours d'un autre trouble du sommeil (par exemple, la narcolepsie, un trouble du sommeil lié à la respiration, un trouble veille-sommeil du rythme circadien, une parasomnie).
- l'insomnie n'est pas imputable aux effets physiologiques d'une substance (par exemple, une drogue, un médicament).
- des troubles mentaux et des conditions médicales coexistant n'expliquent pas adéquatement la plainte prédominante d'insomnie.

Le « trouble d'insomnie » **peut être** épisodique (les symptômes durent depuis au moins 1 mois, mais moins de 3 mois), persistant (les symptômes durent depuis 3 mois ou plus) ou récurrent (2 épisodes, ou plus, en l'espace de 1 an).

La troisième édition de la classification internationale des troubles du sommeil, de 2014, permet de classer ainsi les formes d'insomnie :

- **L'insomnie à court terme** (symptômes qui durent depuis moins de 3 mois, mais autrement conformes à tous les critères à l'égard de la fréquence, de l'intensité, de la détresse, et/ou de l'incapacité) aiguë transitoire, associée à un stress identifiable avec nécessité d'adaptation (familial, social, physique [douleur physique, psychologique], environnemental [nuisance sonore, altitude], comportemental [télévision, ordinateur], facteur inhérent à la vie moderne [travail en horaires décalés, vol de longue durée]) ou insomnie d'ajustement (à la suite d'un voyage, d'un changement d'horaires...).
- **L'insomnie chronique (> 3 mois)** (prévalence selon les études autour de 10 %) :
  - l'insomnie psychophysiologique apparaît généralement après une période d'insomnie dont la cause est connue : période de stress, dépression, maladie grave... Alors que la cause a disparu,

l'insomnie persiste par un mécanisme de conditionnement qui s'autoentretient principalement par la peur de ne pas dormir. Elle évolue ensuite pour son propre compte ;

- l'insomnie paradoxale, elle, est subjective avec trouble de la perception du sommeil ;
- l'insomnie idiopathique c'est-à-dire qui ne dépend pas d'une autre pathologie ;
- l'insomnie liée à une pathologie psychiatrique ;
- l'insomnie due à une hygiène de sommeil inadéquate : consommation excessive de café, tabac, alcool, activité intellectuelle intense à l'approche du coucher, temps excessif passé au lit, variations trop amples des horaires de veille et sommeil, siestes ;
- l'insomnie due à des maladies organiques : neurologiques (maladie neurodégénérative, insomnie fatale familiale, chorée fibrillaire de Morvan, locked-in syndrom), cardio-vasculaires (insuffisance cardiaque gauche, angor), bronchopulmonaires (bronchopneumopathies chroniques obstructives [BPCO]), gastro-duodénales (reflux gastro-œsophagien, douleur de l'ulcère duodénal), rénales (insuffisance rénale chronique), rhumatologiques (rhumatismes inflammatoires,

fibromyalgie), endocrinienne (dysthyroïdie, diabète);
- les insomnies médicamenteuses ou liées à une substance.

- **Les autres troubles d'insomnie** (insomnie avec courte durée de sommeil objective).
- **Les symptômes isolés** (temps excessif au lit et petits dormeurs).

L'hypersomnie

L'hypersomnie est un terme diagnostique large. Dans la majeure partie des cas, elle est induite par des facteurs environnementaux : un sommeil insuffisant avec altération du rythme veille-sommeil, travail posté, stress au travail…

L'hypersomnie inclut des symptômes de :

- quantité excessive de sommeil (par exemple, sommeil nocturne prolongé ou sommeil diurne involontaire);
- qualité détériorée d'éveil (somnolence diurne [score d'Epworth[1] supérieur à 10 modéré, supérieur à 12 ou 16 selon les études : sévère], comme indiqué

1. L'échelle de somnolence d'Epworth est un questionnaire qui mesure la somnolence diurne. L'échelle détermine un score, le score d'Epworth.

par une difficulté à se réveiller ou une incapacité à rester éveillé si nécessaire);

- inertie du sommeil (souvent appelée « éveil confusionnel » ou « ivresse du sommeil »): période, qui peut durer de quelques minutes à quelques heures, d'altération de la vigilance lors de la transition sommeil-éveil; la personne semble éveillée, mais il y a une baisse de la dextérité motrice, un comportement qui peut être tout à fait inapproprié, des déficits de la mémoire, une désorientation dans le temps et l'espace...

On retrouve également les **troubles centraux d'hypersomnolence**, comme la narcolepsie ou syndrome de Gélineau, qui est caractérisée par des périodes récurrentes d'un besoin irrépressible de sommeil durant le jour. Elle est généralement accompagnée de cataplexie, qui se présente le plus souvent comme de brefs épisodes (de quelques secondes à quelques minutes) de perte du tonus musculaire bilatéral déclenchée par les émotions, généralement par le rire et l'humour. Ces accès peuvent aussi être associés à des paralysies du sommeil, des hallucinations sensorielles. La prévalence de la narcolepsie dans la population française est de 1 pour 2 000 personnes.

Enfin, les **troubles du sommeil liés à la respiration**, qui regroupent 3 troubles relativement distincts:

l'apnée centrale du sommeil, l'hypoventilation liée au sommeil et l'apnée hypopnée obstructive du sommeil, qui concerne 10 % des ronfleurs âgés de 30 à 60 ans, soit 2 % des femmes et 4 % des hommes de cette tranche d'âge. Elle est due à des arrêts répétés de la respiration au cours du sommeil. Ces « apnées » sont liées à une obstruction de la gorge dans une région appelée « pharynx ». À long terme, la maladie a des répercussions, en particulier sur le système cardio-vasculaire, dues à la fois aux éveils répétés et au manque d'oxygène pendant le sommeil, entraînant une hypertension artérielle. Le risque d'infarctus et d'attaque cérébrale est plus élevé chez les personnes qui ont un syndrome d'apnée du sommeil. C'est sans doute ces complications qui expliquent que, non traitée, la maladie diminue l'espérance de vie.

Les parasomnies

Les parasomnies correspondent à un ensemble de phénomènes anormaux se produisant lors de la phase de sommeil lent profond ou lors du sommeil paradoxal.

Au cours du sommeil lent profond, les parasomnies les plus fréquentes sont le somnambulisme, le bruxisme (grincement des dents), la somniloquie (paroles), les terreurs nocturnes (fréquentes chez les enfants, à cheval entre le somnambulisme et la somniloquie) ou l'énurésie (pipi au lit). Au cours du sommeil paradoxal, il s'agit de mouvements violents (troubles du comportement en sommeil paradoxal, TCSP), de bruits non articulés produits par le dormeur (catathrénie) ou de comportements sexuels inconscients (sexsomnies).

Les parasomnies ont parfois une composante génétique, mais elles sont le plus souvent favorisées par des éléments extérieurs qui perturbent l'organisation normale du sommeil (intensité, durée et articulation des phases de sommeil) : maladie neurodégénérative, stress, fièvre, certains médicaments... Les sexsomnies seraient par exemple favorisées par le traitement dopaminergique.

Les principaux signes caractéristiques des parasomnies sont :

- **les cauchemars**, sorte de rêves à caractère effrayant et anxiogène, les terreurs nocturnes, parfois très violentes ;
- **les éveils confusionnels ou inerties du sommeil**, états survenant en début ou fin de sommeil profond : le sujet est désorienté, confus et ralenti (fréquents chez l'enfant de moins de 5 ans. L'enfant, qui paraît réveillé, s'agite, pleure et peut sortir de son lit.

Ces épisodes peuvent durer de quelques minutes à plus de 1 heure) ;

- **les troubles alimentaires du sommeil** ;
- **le somnambulisme**, qui caractérise les personnes qui s'agitent, se déplacent ou parlent durant leur sommeil.

Le somnambulisme et les éveils confusionnels induisent parfois une sortie du lit, le sujet étant confus, le regard vague. Habituels chez les jeunes, ils affectent les sujets âgés sous hypnotiques de demi-vie courte, c'est-à-dire des personnes consommant des somnifères dont le produit actif reste quelques heures dans la circulation sanguine.

Les principales causes de troubles du sommeil

Causes psychologiques	Causes physiologiques	Causes environnementales	Causes liées à l'hygiène de vie
Etat de stress post-traumatique	Maladies virales, neurologiques, épilepsie	Bruit	Horaire de travail, travail de nuit, travail posté
Choc émotionnel	Fièvre	Mauvaise literie	Vie nocturne festive
Trouble de l'humeur, dépression, anxiété	Migraine	Température élevée	Décalage horaire
	Apnée du sommeil	Absence d'obscurité	Activité trop intense le soir
	Ronflements		Alimentation trop riche et calorique
	Surpoids		Consommation d'excitants, café, thé...
	Congestion nasale		Médicaments hypnotiques, psychotropes
	Douleur		

Vous trouverez à cette adresse la carte de France des centres du sommeil agréés par la SFRMS (Société française de recherche et de médecine du sommeil) :

https://www.sfrms-sommeil.org/vie professionnelle/accreditation_sfrms/carte/

Elle indique les coordonnées des centres par département, permettant ainsi de prendre un rendez-vous avec un spécialiste du sommeil.

PARTIE 5

Le sommeil et le sport

Les recommandations

Depuis une vingtaine d'années, la pratique de l'activité physique est recommandée pour la santé dans la population générale, notamment chez les personnes âgées, pour lutter contre les maladies chroniques modernes comme le diabète type II, le surpoids et l'obésité, les maladies cardio-vasculaires, la dépression et même le cancer[1]. Selon l'OMS (Organisation mondiale de la santé[2]), les **adultes de 18 à 64 ans** devraient pratiquer :

- au moins 150 minutes hebdomadaires d'une activité physique d'intensité modérée ;
- ou au moins 75 minutes hebdomadaires d'une activité physique intense ;
- ou une combinaison équivalente d'activité physique d'intensité modérée à forte.

1. Activité *physique. Prévention et traitement des maladies chroniques*, Éditions EDP Sciences, 2019, coll. « Expertise collective ».
2. *Stratégie mondiale pour l'alimentation, l'exercice physique et la santé*, OMS, 2004.

Ils devraient porter à 300 minutes par semaine la pratique d'une activité physique d'intensité modérée ou l'équivalent pour en retirer des bienfaits supplémentaires en matière de santé.

Des activités de renforcement musculaire mettant en jeu les principaux groupes de muscles devraient par ailleurs être pratiquées 2 jours par semaine ou plus.

Les **adultes de 65 ans et plus** devraient pratiquer :

- 150 minutes d'activité physique d'intensité modérée par semaine ;
- ou au moins 75 minutes d'activité physique de forte intensité par semaine ;
- ou une combinaison équivalente d'activité physique d'intensité modérée à forte.

Ils devraient porter à 300 minutes par semaine la pratique d'une activité physique d'intensité modérée, ou l'équivalent pour obtenir des bienfaits supplémentaires en matière de santé.

Ils devraient pratiquer une activité physique pour améliorer leur équilibre et prévenir les chutes à raison de 3 jours par semaine ou plus pour les personnes à mobilité réduite.

Des activités de renforcement musculaire mettant en jeu les principaux groupes de muscles devraient être pratiquées 2 fois par semaine ou plus.

L'intensité des différentes formes d'activité physique varie d'une personne à l'autre. Pour qu'elle soit profitable du point de vue de l'endurance cardio-respiratoire, toute activité doit être pratiquée par tranches d'au moins 10 minutes. L'activité physique est aussi bénéfique pour la prévention de la douleur, le moral et la qualité du sommeil.

Dormir de 7 à 8 heures est très souvent associé à un risque moindre de morbidité et de mortalité. Ainsi, une bonne hygiène de sommeil et une activité physique régulière peuvent être réciproquement bénéfiques et améliorer la condition physique, en particulier chez des patients présentant des troubles du sommeil. Cette relation complexe et réciproque entre le sommeil et l'exercice[3] est dépendante de nombreux facteurs tels que le sexe, l'âge, le niveau de forme, la qualité du sommeil initiale et les caractéristiques de l'exercice physique (intensité, durée, heure de la journée, environnement). Il est classiquement rapporté dans la littérature qu'un

3. Chennaoui M, Arnal PJ, Sauvet F, Léger D., *Sleep and exercise: a reciprocal issue? Sleep Med Rev.*, 2015 Apr;20:59-72. doi: 10.1016/j.smrv.2014.06.008. Epub 2014 Jun 30

entraînement physique régulier a pour effet d'augmenter la durée du sommeil lent profond, le temps de sommeil et de diminuer la durée du sommeil paradoxal[4,5]. Cependant, une durée minimale d'entraînement physique est nécessaire pour obtenir des effets positifs sur les paramètres objectifs de la qualité du sommeil, en particulier celle des personnes âgées ou des mauvais dormeurs.

Un exercice intense, par exemple, entraîne une diminution de la latence d'endormissement, c'est-à-dire que l'on met moins de temps pour s'endormir, une augmentation du temps total de sommeil, une augmentation du temps de sommeil lent profond.

Une activité physique régulière entraîne aussi une diminution de la latence d'endormissement, mais également une diminution des éveils nocturnes, une diminution du sommeil paradoxal et une augmentation du temps de sommeil lent profond. Elle a également des propriétés multiples : anxiolytique, antidépressive et analgésique.

---

4. Kubitz K.A., Landers D.M., Petruzzello S.J., Han M., « *The effects ofacute and chronic exercise on sleep. A meta-analytic review* », Sports Med 1996 ; 21 :277—91.[12].
5. Youngstedt S.D., O'Connor P.J., Dishman R.K., « *The effects ofacute exercise on sleep : a quantitative synthesis* », Sleep, 1997 ; 20:203—14.

Enfin, l'activité physique aide à stabiliser le poids. Or le surpoids est un facteur de perturbation du sommeil, *via* le ronflement et les troubles de la respiration au cours du sommeil.

Sur un plan cognitif, une étude en laboratoire[6] a montré que 7 semaines d'entraînement physique à raison de 3 fois par semaine peuvent limiter la dégradation des performances mentales rencontrée lors d'une privation de sommeil chez des sujets jeunes et en bonne santé. De plus, ces sujets ont montré une meilleure tolérance à la privation de sommeil sur un test de 40 minutes de conduite simulée. Ces effets bénéfiques de l'activité physique régulière sur les fonctions cognitives ont un effet particulièrement marqué chez les personnes âgées. Cela est en partie dû à une augmentation de facteurs neuroprotecteurs. En effet, la pratique d'une activité physique chez des sujets âgés de plus de 65 ans est un facteur protecteur contre certaines pathologies neurologiques comme la maladie d'Alzheimer ou la maladie de Parkinson.

---

6. Sauvet F., Arnal P.J., Tardo-Dino P.E., Drogou C., Van Beers P., Erblang M., Guillard M., Rabat A., Malgoyre A., Bourrilhon C., Léger D., Gomez-Mérino D., Chennaoui M., « *Beneficial effects of exercise training on cognitive performances during total sleep deprivation in healthy subjects* », Sleep Med, 2020 Jan ; 65 :26-35. doi : 10.1016/j.sleep.2019.07.007. Epub 2019 Jul 22.

L'activité physique peut être utilisée, entre autres, pour le traitement du décalage horaire et les problèmes associés au travail posté ou au travail en rotation horaire. Elle améliore momentanément la vigilance et les performances. L'amplitude des rythmes circadiens est ainsi plus grande chez des personnes entraînées que sédentaires. Cependant, l'activité physique, selon la durée, l'intensité et l'heure de pratique, peut altérer les rythmes circadiens et perturber le sommeil. Il ne faut pas pratiquer une activité physique intense (qui augmente la température corporelle) dans les 3 heures qui précèdent l'endormissement, surtout pour les mauvais des bons dormeurs.

Les périodes idéales pour la pratique sportive destinée à maintenir une bonne condition physique et à réguler le sommeil sont le matin ou le début d'après-midi. Afin d'obtenir un effet bénéfique sur le sommeil, la durée de l'exercice physique doit être d'au moins 45 minutes. L'effet optimal est obtenu lors de la pratique d'une activité physique d'endurance d'une durée de 2 heures ou plus.

Récemment, des travaux réalisés chez l'animal ont mis en évidence l'effet protecteur d'un entraînement physique sur les performances de mémoire à court terme et d'apprentissage spatial après 24 heures de privation de sommeil paradoxal[7] sur la réponse inflammatoire au niveau cérébral lors d'une privation totale de sommeil[8].

7. Zagaar M., Alhaider I., Dao A., Levine A., Alkarawi A., Alzubaidy M., Alkadhi K. (2012), « *The beneficial effects of regular exercise on cognition in REM sleep deprivation : behavioral, electrophysiological and molecular evidence* », Neurobiol Dis 45(3): 1153-1162.
8. Chennaoui M., Gomez-Merino D., Drogou C., Geoffroy H., Dispersyn G., Langrume C., Ciret S., Gallopin T., Sauvet F, « *Effects of exercise on brain and peripheral inflammatory biomarkers induced by total sleep deprivation in rats* », J Inflamm (Lond). 2015 Sep 30 ; 12:56. doi : 10.1186/s12950-015-0102-3. eCollection 2015.

Le manque de sommeil et les blessures

Plusieurs études ont montré un lien direct entre la durée du sommeil et la survenue de blessures au cours de l'exercice. En particulier, une durée de sommeil inférieure à 6 heures au cours de la nuit précédant l'exercice est un facteur de blessure (du système locomoteur). Cet effet de la privation de sommeil est lié à des altérations de la proprioception, du contrôle postural et du temps de réaction. De plus, la privation de sommeil pourrait retarder la récupération après une lésion musculaire et aggrave les signes fonctionnels après un traumatisme crânien dans des sports de combat ou de contact. Elle aggrave également les douleurs musculaires et ostéoarticulaires aiguës et chroniques, et la sensibilité à la douleur. Les altérations du rythme veille-sommeil sont aussi un facteur associé à la survenue d'épuisement, à l'effort, de surentraînement et de burn-out.

En pratique :

- les séances de sport doivent durer 1 heure au minimum à une fréquence optimale de 3 à 4 fois par semaine ;
- l'intensité de la séance doit être suffisante pour provoquer une augmentation de la température corporelle ;

- Un sportif peut faire du sport jusqu'à 1 h 30 avant d'aller se coucher ; en revanche une personne moins habituée devra laisser 3 à 4 heures entre la fin de la séance et le coucher ;
- la pratique sportive a des effets bénéfiques sur le sommeil, qui lui-même profite à la croissance et à la réparation tissulaire, à la santé et à la performance ;
- le manque de sommeil chez le sportif induit une diminution des performances d'endurance mais ne diminue pas les performances pour des efforts courts et intenses ;
- le manque de sommeil augmente le risque de blessure musculaire et diminue la récupération post-blessure, chez le sportif notamment. Dans des sports de contact, la somnolence diurne excessive et l'insomnie prédiraient le risque de traumatisme crânien ;
- pour une pratique sportive de loisir, après une mauvaise nuit : préférer une séance d'intensité modérée et éviter les sports de contact ;
- l'augmentation du temps total de sommeil (passer de 8 heures au lit à 10 heures) chez des bons dormeurs augmente la performance. Chez le sportif, cela augmente les performances sportives impliquant la force, la vitesse, la prise de décision, le temps de réaction, l'apprentissage, la mémoire

(temps de sprint, vitesse de nage, taux de premiers services réussis au tennis, et gain de 3 points au basket) ;

- une douche froide ou tiède avant de se coucher est conseillée, car elle permettra d'éviter une augmentation de la température corporelle et favorisera l'endormissement ;
- au réveil, privilégier une douche plutôt chaude pour bien se réveiller.

PARTIE 6

Le sommeil et le décalage horaire

Grâce aux avancées technologiques en matière d'industrie aéronautique, passer rapidement d'un coin du monde à un autre est l'une des principales caractéristiques de notre ère. Afin d'optimiser leur temps et leur agenda, les hommes d'affaires ainsi que les touristes veulent rester si possible en bonne forme dès leur arrivée afin de profiter au maximum du peu de temps dont ils disposent. Lorsque nous voyageons vers un nouveau fuseau horaire, nos rythmes circadiens sont lents à s'adapter et restent calés sur leur programme biologique initial pendant plusieurs jours. Notre corps nous dit alors qu'il est temps de dormir, alors qu'on est en fait en milieu d'après-midi, ou nous donne envie de rester éveillés lorsqu'il est tard dans la nuit. Cette expérience est connue sous le nom de « décalage horaire ». Pendant des années, le décalage horaire a été considéré comme un simple état d'esprit. Aujourd'hui, des études ont montré qu'il résulte en fait d'un déséquilibre de l'horloge biologique naturelle de notre corps, provoqué par le fait de voyager entre des fuseaux horaires différents. Les déplacements du nord vers le sud et inversement sont relativement bien tolérés. Ils n'entraînent qu'une légère fatigue, liée essentiellement à l'inconfort et à une position assise prolongée pendant le voyage.

Quant aux déplacements est-ouest ou ouest-est, ils peuvent provoquer d'autres phénomènes cliniques : c'est le décalage horaire.

Le franchissement rapide et répété de plusieurs fuseaux horaires soumet l'organisme à un décalage brutal entre son heure physiologique, synchrone de l'heure locale du pays de départ, et l'heure du pays d'arrivée. Ces décalages horaires vont donc perturber le fonctionnement de l'horloge biologique. Les premiers symptômes sont une somnolence diurne excessive, des difficultés d'endormissement et des réveils nocturnes fréquents. Les performances psychomotrices et cognitives sont affectées, du fait d'une désynchronisation de nombreux rythmes et paramètres biologiques par rapport à l'environnement extérieur. Il faut en moyenne une journée d'adaptation par fuseau horaire traversé. Cette désynchronisation dure jusqu'à la synchronisation du rythme circadien avec les synchronisateurs externes locaux comme la lumière du jour, la température et les heures de repas.

Il est donc nécessaire de bien anticiper le déplacement pour s'ajuster le plus rapidement au pays de destination.

Stratégies pour gérer les décalages horaires

Le décalage horaire ou « jet-lag » touche ceux qui prennent l'avion et franchissent plusieurs fuseaux horaires (plus de 4). Les effets sont d'autant plus sévères que le vol se fait vers l'est et que le nombre de fuseaux traversés est important. La stratégie sera différente en fonction de la destination (vers l'est ou vers l'ouest) et de la durée du séjour.

Pour un séjour court (moins de 4 jours), il est conseillé de ne corriger qu'une partie du décalage horaire et de se maintenir si possible à moins de 4 heures de décalage horaire par rapport à l'heure habituelle.

Pour un séjour plus long, il est conseillé de s'adapter à l'heure locale. Il est recommandé de commencer l'adaptation avant le départ (anticipation), d'éviter la prise d'alcool et d'utiliser quelques « outils » : lunettes de soleil, bouchon antibruit, masque de nuit... Il sera plus facile de s'adapter à un décalage horaire vers l'ouest que vers l'est.

Vers l'ouest (où le soleil se couche), il faudra retarder votre horloge biologique

C'est un déplacement moins difficile pour les chronotypes dits « du soir[1] ». Pour cela, avant le départ, couchez-vous 1 ou 2 heures (ou plus) plus tard que d'habitude, quart d'heure par quart d'heure ou demi-heure par demi-heure les jours précédant votre départ (environ 4 à 6 jours). Essayez d'arriver à destination dans l'après-midi ou en soirée. Exposez-vous à la lumière extérieure en fin de journée. Faites un jogging ou du sport en fin d'après-midi ou en soirée. Prenez un café dans l'après-midi. Pour une meilleure adaptation, prenez une douche chaude pour « tenir » le soir. Continuez à retarder progressivement l'heure du coucher.

Vers l'est (où le soleil se lève…), il faudra avancer votre horloge biologique

C'est plus difficile pour l'être humain, mais ce type de déplacement est moins difficile pour les chronotypes dits « du matin ». Avant le départ : prévoyez, dans les jours précédant votre départ, de vous coucher plus

1. Si vous souhaitez établir votre chronotype, vous pouvez vous rendre sur ce site internet et répondre au questionnaire : https://reseau-morphee.fr/wp-content/uploads/dlm_uploads/2017/04/Questionnairre-Horne-et-Ostberg.new-0.pdf

tôt que d'habitude (1 ou 2 heures au moins). Essayez d'arriver à destination le matin. Si vous arrivez l'après-midi, évitez de dormir pendant le vol. Après l'arrivée : privilégiez l'exposition à la lumière du jour le matin. Levez-vous tôt et ne faites pas la sieste. Jogging, sport, marche le matin. Port de lunettes de soleil l'après-midi.

Cas particulier : utilisation de la mélatonine naturelle ou de synthèse

La mélatonine est une hormone produite principalement par la glande pinéale humaine, en phase nocturne (pic de sécrétion vers 3 heures). Cette sécrétion est inhibée par la lumière. La mélatonine renforce la synchronisation de l'horloge circadienne.

L'usage de la mélatonine naturelle ou de synthèse est totalement libre aux États-Unis et en vente libre sur Internet. Cependant, les comprimés de mélatonine sont d'origine et de qualité très variables. Dans les conditions de traitement du syndrome du décalage horaire, la mélatonine peut aider à la resynchronisation des rythmes biologiques et peut être efficace dans les syndromes de retard de phase. Cependant, l'administration de mélatonine n'améliore que très modestement la qualité du sommeil chez les travailleurs postés et les sujets présentant des troubles du sommeil. Si peu d'effets indésirables graves ont été décrits, de nombreux effets indésirables mineurs ont été observés : nausée, céphalée, irritabilité, somnolence diurne excessive, aggravation de syndrome dépressif, chute de la pression artérielle, hypothermie. D'autre part, la prise de mélatonine le matin peut entraîner une somnolence importante et prolongée (> 1 heure), incompatible avec la conduite et l'utilisation de machines-outils.

PARTIE 7

Le sommeil et l'alimentation

Il suffit d'avoir subi au moins une fois les assauts d'une somnolence après un déjeuner pour soupçonner l'existence d'une relation entre l'alimentation et le sommeil. Certaines études ont montré qu'un repas riche en glucides, en particulier d'index glycémique élevé (sucres rapides : sucreries, sodas, gâteaux...), pouvait entraîner une somnolence de 30 à 60 minutes après l'ingestion et diminuait la latence d'endormissement jusqu'à 4 heures après la prise.

Les repas riches en sucres (plutôt lents), habituellement pris avant une épreuve physique de longue durée, vont aussi favoriser le sommeil récupérateur. À l'inverse, un repas riche en protéines favoriserait la vigilance et les performances psychomotrices des sujets fatigués. Néanmoins, il est essentiel de rappeler qu'il n'existe pas de contre-mesure nutritionnelle réellement efficace.

L'important est de ne pas commettre d'erreurs. En effet, les repas du soir trop lourds, et trop riches en protéines et lipides, retardent l'endormissement et peuvent favoriser les reflux acides.

Le soir, proscrivez la viande rouge et surtout les plats épicés. Préférez des crudités, du pain blanc, des pâtes, du poisson et des légumes, et tous les produits laitiers qui contiennent du tryptophane, substance à partir de laquelle est fabriquée la sérotonine, hormone de la tranquillité et de l'endormissement. Dînez le plus tôt possible (dans l'idéal, 2 heures avant le coucher) et surtout à la même heure.

Les aliments qui favorisent le sommeil

Un repas léger et équilibré avec un apport en protéines, en légumes et en glucides complexes à index glycémique bas (légumineuses, céréales…) permet d'éviter les réveils nocturnes liés à la faim.

Présent dans de nombreuses sources de protéines (viande, poisson, laitages, œufs, légumes secs…), mais aussi dans d'autres aliments (riz complet, banane, chocolat, noix de cajou, amande ou graine de courge), le tryptophane est un acide aminé qui joue un rôle essentiel dans la production de mélatonine. En effet, il n'est pas fabriqué par notre organisme et doit être apporté par notre alimentation, et entre dans la fabrication de la sérotonine, neurotransmetteur central qui favorise la synthèse de mélatonine.

Côté boissons, évitez celles riches en caféine (café, colas, thé…) après 16 heures : elles peuvent non seulement retarder l'endormissement, mais également induire des réveils nocturnes.

Enfin, le tabac est également défavorable à un sommeil de qualité, en raison de l'effet stimulant de la nicotine.

En pratique, il faut bien équilibrer ses menus en consommant des aliments adaptés aux différents moments de la journée, notamment :

- **au petit déjeuner :** au réveil, il faut réhydrater son organisme et compenser par des sucres lents l'hypoglycémie du réveil après plusieurs heures de jeûne, et ainsi éviter le creux de 10-11 heures. Apporter des vitamines et minéraux pour le bon fonctionnement de l'organisme (fruits ou jus de fruits frais, laitage). Les protéines permettent de bien se réveiller, d'être vigilant et concentré pendant la matinée.
- **au déjeuner :** privilégier les aliments riches en protéines avec une petite portion de sucres lents (pâtes, semoules, pain complet...), un légume, un laitage et un fruit, et éviter les sucres rapides (sodas, desserts industriels sucrés...).
- **au dîner :** opter pour une belle portion de féculents (riz, pâtes...), un apport limité en protéines (un œuf, une tranche de jambon...), un légume, un laitage et un fruit.

À savoir sur le jeûne nocturne

Les aliments consommés après 22 heures sont assimilés différemment (par rapport à ceux mangés avant 22 heures)

Veillez à respecter le jeûne nocturne (de 6 à 8 heures sans s'alimenter) la nuit, cela favorise le contrôle du poids.

Il est important de bannir tout grignotage nocturne (induit le réveil et la prise de poids), et au réveil boire un grand verre d'eau.

Comment adapter son alimentation aux horaires décalés

Le travail en horaires décalés peut avoir des effets négatifs sur le comportement alimentaire (grignotage, consommation d'aliments gras et sucrés), le rythme biologique (troubles du sommeil) et le métabolisme (prise de poids, troubles digestifs...). Certaines recommandations permettent toutefois de limiter ces risques : il faut en effet veiller à respecter le rythme de 3 repas principaux par jour, à des horaires réguliers en suivant les règles essentielles de l'équilibre alimentaire : manger de tout modérément, consommer des fruits et légumes à chaque repas, éviter de grignoter entre les repas.

En pratique, il est important de respecter ces quelques conseils :

- un petit déjeuner complet avec un laitage et des fruits ;
- avant un service de nuit, prendre un repas comportant des protéines (viande ou poisson) pour optimiser son niveau de vigilance, des légumes, et un apport en glucides (pâtes, riz) en cas de travail physique (mais en quantités limitées) ;

- après le travail, prendre un repas léger et riche en glucides pour favoriser le sommeil.
- en cas de nécessité, prendre une collation légère durant son service (un fruit, par exemple) en veillant à éviter les snacks et autres produits industriels gras ou sucrés.
- éviter de consommer des excitants (café, thé...) durant les 5 dernières heures de travail afin de ne pas perturber le sommeil.
- pour les boissons, privilégier l'eau ou les tisanes plutôt que celles sucrées.

Les ennemis de notre sommeil

Viande rouge, excitants, gras, épices… Les aliments à éviter avant le coucher

Les aliments trop riches et trop gras doivent être consommés en quantité limitée au dîner, notamment parce qu'ils sont difficiles à digérer et contribuent à augmenter la température corporelle au moment de l'endormissement, alors que physiologiquement celle-ci doit au contraire baisser. De même, la viande rouge est à privilégier au déjeuner plutôt qu'au dîner et certains aliments sont à éviter le soir, en particulier :

- **les plats épicés**, difficiles à digérer, qui peuvent être à l'origine d'excès de chaleur ou de brûlures d'estomac ;
- **certains légumes qui fermentent** et peuvent occasionner des ballonnements intestinaux, comme les choux, ou d'autres qui sont riches en nicotine, comme l'aubergine.

L'alcool

L'alcool est un faux ami de notre sommeil. Il favorise certes l'endormissement, mais il perturbe le sommeil lent et favorise les ronflements. Le sommeil de deuxième partie de nuit se trouve altéré, il est instable et agité. En Suède par exemple, les prélèvements sanguins de 159 conducteurs décédés à la suite d'un accident de la circulation ont montré que 27 % d'entre eux avaient un taux d'alcool supérieur à 0,5 g par litre de sang. Au Canada, 35 % des conducteurs blessés dans un accident de la circulation avaient une alcoolémie positive.

Recommandations particulières

Les interactions entre sommeil, vigilance et alimentation permettent de préconiser des attitudes particulières, dans les situations suivantes :

– **le travail et la conduite des véhicules de nuit** : pour lutter contre la baisse de la vigilance, habituelle entre 2 heures et 3 heures du matin, il est préférable de prendre une collation riche en protéines plutôt qu'une collation riche en glucides ;

– **le décalage horaire** : la « resynchronisation » de l'horloge biologique interne comporte la prise des repas aux horaires du pays d'arrivée. Des expériences réalisées sur l'animal indiquent que le volume et la nature des repas influencent la durée et la répartition des différentes phases du sommeil. Des rats ayant une alimentation agréable, riche et sans limite, voient augmenter la durée totale de leur sommeil.

La dénutrition

À l'inverse, une dénutrition peut réduire la durée du sommeil. Toujours chez l'animal, l'apport d'acides aminés augmente la quantité de sommeil paradoxal, l'apport de glucose celle du sommeil à ondes lentes. Le rôle de la composition du repas est bien illustré par une expérimentation réalisée sur l'être humain. Une équipe française s'est intéressée à la structure du sommeil lors d'une nuit normale chez des sportifs soumis au régime « dissocié scandinave ». Le principe de ce régime est de diminuer la consommation de glucides durant 3 ou 4 jours. Les stocks en glycogène diminuent alors pour créer un état de manque au niveau de l'organisme (muscles et foie). Enfin, on augmente les apports en glucides alimentaires pendant 3 jours afin de produire un effet de surcompensation. Il y a donc une augmentation des réserves en glycogène pour aller plus loin, plus longtemps, le jour de l'épreuve. Dans ce travail, l'alimentation presque exclusivement lipido-protidique augmentait la durée du sommeil paradoxal, alors qu'une alimentation hyperglucidique augmentait le sommeil profond.

Plusieurs études menées sur l'être humain en période d'éveil, sans privation antérieure de sommeil, indiquent clairement que l'absorption de glucides augmente, dans un délai de 30 à 60 minutes après l'ingestion, la tendance à la somnolence.

Lors de la course à la voile du Fastnet 1986, des nutritionnistes ont observé qu'à l'issue d'une période de manœuvre intense l'équipage ressentait le besoin d'ingérer des aliments à saveur sucrée. Cette ingestion était le plus souvent suivie d'un épisode de 10 à 15 minutes de somnolence. Ce petit repos compensateur a paru efficace pour le maintien des performances dans ce contexte particulier. Cette observation illustre le fait que l'ingestion d'un repas glucidique potentialise les effets péjoratifs sur la vigilance d'une privation partielle de sommeil. À l'inverse, un repas protéique, ou l'ingestion d'une solution d'acides aminés, semble améliorer les performances psychomotrices chez des sujets fatigués.

Quant à l'automobiliste qui emmène sa famille sur la route des vacances, quand la fatigue commence à faire son œuvre, il recherche à tort un aliment glucidique et/ou gras, à forte valeur hédonique, procurant plaisir et motivation, qui risque de provoquer les quelques instants de somnolence en trop. Mieux vaut lui conseiller la prise successive de petits repas comprenant des glucides (pain, pâtes, riz, blé, céréales), et des aliments riches en protéines et lipides : ils rompent heureusement la monotonie du voyage et permettent d'assurer un apport calorique suffisant sans provoquer de pic insulino-glucidique.

Cas particulier : la consommation de café

La caféine est le psychostimulant le plus consommé au monde. Elle est présente dans de nombreuses préparations sous forme de café, de thé, de chocolat… Elle permet de maintenir les performances physiques et mentales. La disponibilité dans le sang de la caféine n'entraîne pas un effet immédiat, mais agit entre 30 et 45 minutes après absorption. Cet effet est augmenté lorsque la prise de caféine est associée à une prise alimentaire. Cependant, il existe une grande variabilité individuelle à la caféine, certains sujets étant très sensibles et d'autres peu.

Le café est le principal vecteur de caféine chez les adultes, mais les boissons dites « énergisantes » en constituent un nouveau vecteur chez les enfants et les adolescents. Sachez qu'une canette de boisson énergisante est égale à 2 expressos ou 2 canettes de soda au cola.

Ces boissons énergisantes représentent jusqu'à 15 % de l'apport en caféine chez les enfants français, d'après les données de consommation de l'étude publiée par l'Efsa (European Food Safety Authority) en 2013. Au vu des résultats de ses études, l'Anses (Agence nationale de sécurité sanitaire de l'alimentation, de l'environnement et du travail) recommande **de modérer la consommation de caféine, particulièrement pour les enfants, les femmes enceintes et les personnes sensibles à ses effets ou présentant certaines pathologies**.

Dans une étude chez des élèves américains de 12 à 18 ans, 33 % des adolescents déclaraient s'endormir en classe et la consommation de caféine était 76 % plus élevée chez ceux qui s'endormaient. Les enfants (6-10 ans) qui consomment des boissons caféinées dorment 15 minutes de moins par nuit que ceux n'en consommant pas.

En Europe, les doses journalières moyennes varient entre les États membres mais se situent dans les fourchettes suivantes :

- personnes très âgées (75 ans et plus) : 22-417 mg ;
- personnes âgées (65-75 ans) : 23-362 mg ;
- adultes (18-65 ans) : 37-319 mg ;
- adolescents (10-18 ans) : 0,4-1,4 mg/kg pc (poids de corps) ;
- enfants (3-10 ans) : 0,2-2,0 mg/kg pc ;
- enfants en bas âge (12-36 mois) : 0-2,1 mg/kg pc.

Des apports allant jusqu'à 400 mg par jour (environ 5,7 mg/kg pc), consommés tout au long de la journée, ne soulèvent pas de problème de sécurité pour les adultes en bonne santé dans la population générale, à l'exception des femmes enceintes, des enfants et des cardiaques.

Effets secondaires possibles

L'excès de caféine peut être responsable d'irritabilité, de tachycardie, de troubles du sommeil, d'une augmentation de la diurèse[1]... Ces effets adverses présentent un caractère individuel. On retiendra qu'ils sont observés avec une fréquence élevée pour des doses supérieures à 1 000 mg/jour. La dose létale de caféine est estimée entre 10 et 14 g/jour.

Il n'est pas donc pas conseillé de dépasser la dose de 1 g de caféine par jour. Pour les femmes, de très fortes doses de caféine peuvent entraîner une augmentation du risque d'avortement spontané au cours du premier trimestre de grossesse.

Les données de la littérature montrent que la performance mentale peut même diminuer dès 430 mg de caféine, soit l'équivalent de 5 à 6 cafés. À cette

1. Volume d'urine sécrété par les reins pendant une période de temps donnée.

dose, la caféine augmente la température centrale et aggrave la déshydratation lors d'un exercice physique prolongé (2 heures) dans la chaleur (36 °C).

Une étude de 2015 de l'Union européenne révèle que la caféine peut être nocive, en particulier pour les femmes enceintes et les moins de 18 ans. L'Agence européenne de sécurité des aliments a rendu cet avis après avoir procédé « pour la première fois au niveau de l'UE à une évaluation des risques liés à la caféine, toutes sources alimentaires confondues ». Ces recommandations visent les femmes enceintes, les enfants et les adolescents. Pour les femmes enceintes, il faudrait ne pas dépasser une consommation journalière de plus 200 mg afin de prévenir un déficit de poids à la naissance. Pour les mineurs, exposés surtout *via* leur consommation de boissons énergisantes et de sodas, la dose journalière sans risque est fixée à 3 mg par kilo de poids corporel.

En pratique, il est important de :

- ne pas dépasser 400 mg sur 24 heures ;
- diminuer la consommation quotidienne de caféine en consommant par exemple des boissons décaféinées ;
- ne pas utiliser de caféine si on se sent bien éveillé ;
- s'hydrater pendant la prise ;

- associer la caféine à une prise alimentaire (effet libération prolongée);
- ne pas consommer de caféine dans les 4 heures au minimum avant le coucher;
- consommer les boissons énergisantes avec modération, en raison des contenus élevés en caféine;
- ne pas consommer plus de 125 ml/jour de boissons énergisantes, c'est-à-dire une demi-canette.

Cas de la « sieste caféinée »

C'est une courte sieste qui est tout juste précédée par la prise de caféine. Les effets du café mettent jusqu'à 30 minutes pour apparaître, une courte sieste ne sera pas compromise si elle est réalisée immédiatement après l'absorption de caféine. Le café favorisera l'éveil après la sieste.

PARTIE 8

Le sommeil et la vaccination

Comme évoqué dans les parties précédentes, le sommeil est un réel processus physiologique ayant des propriétés réparatrices et régulatrices. Ces dernières années, ce processus a suscité un intérêt majeur en raison de son influence potentielle sur notre système immunitaire. Plusieurs études ont suggéré une relation complexe entre le sommeil, l'inflammation et le système immunitaire. Elles démontrent les effets bidirectionnels de la réponse immunitaire contre les infections virales, bactériennes et parasitaires sur la structure du sommeil. Toute activation du système immunitaire va donc modifier le sommeil, et le sommeil à son tour va activer les réponses innée et adaptative du système de défense de notre corps. La stimulation du système immunitaire par induction microbienne, par exemple, déclenche une réponse inflammatoire qui, selon son ampleur et son action dans le temps, peut induire une augmentation de la durée et de l'intensité du sommeil, mais aussi une perturbation du sommeil.

On suppose que l'amélioration du sommeil pendant une infection entraîne une réaction du système immunitaire qui favorise la défense de l'hôte. L'induction d'une réponse hormonale est un mécanisme probable qui sous-tend les effets du sommeil sur le système immunitaire.

L'inflammation est l'ensemble des mécanismes réactionnels de défense par lesquels l'organisme reconnaît, détruit et élimine toutes les substances qui lui sont étrangères.

Le sommeil est essentiel au maintien de notre homéostasie.

L'homéostasie étant le phénomène par lequel un facteur clé est maintenu autour d'une valeur bénéfique pour le système considéré, grâce à un processus de régulation. En effet, notre organisme doit maintenir ou ramener les différentes constantes physiologiques (température, fréquence cardiaque, tension artérielle, etc.) à des niveaux qui ne s'écartent pas de la normale.

Des études menées[1,2,3] chez l'animal ont montré ce lien entre sommeil et immunité. En effet, l'élimination du virus de la grippe était ralentie chez les souris

1. Brown R., Pang G., Husband A.J., King M.G., « *Suppression of immunity to influenza virus infection in the respiratory tract following sleep disturbance* », Reg Immunol 1989 ; 2:321–5.
2. Renegar K.B., Floyd R.A., Krueger J.M., « *Effects of short-term sleep deprivation on murine immunity to influenza virus in young adult and senescent mice* », Sleep 1998 ; 21 :241–8.
3. Toth L.A., Rehg J.E., « *Effects of sleep deprivation and other stressors on the immune and inflammatory responses of influenza-infected mice* », Life Sci 1998 ; 63 :701–9.

privées de sommeil par rapport aux animaux non privés de sommeil.

D'autres études[4,5] ont décrit une augmentation du temps de sommeil au cours de maladies infectieuses qui pourrait être médiée principalement par ces fameuses protéines inflammatoires, les cytokines, en particulier IL-1béta et TNF-alpha.

En effet, chez l'animal, des injections cérébrales de ces cytokines pro-inflammatoires augmentent le sommeil lent tandis que les cytokines plutôt anti-inflammatoires comme IL-4 et IL-10 auraient tendance à le diminuer.

Une étude[6], toujours chez l'animal, montre qu'une infection par la bactérie *Escherichia coli* augmente la quantité et l'intensité de sommeil lent. Cette modification du sommeil à la suite d'une infection peut être un bon prédicteur de la morbidité et de la mortalité associée.

---

4. Krueger J.M., Majde J.A., Obal F. (2003), « *Sleep in host defense* », Brain Behav Immun 17 Suppl 1 : S41-47.
5. Zielinski M.R., Krueger J.M. (2011), « *Sleep and innate immunity* », Front Biosci (Schol Ed) 3 : 632-64.
6. Toth L.A, Krueger J.M. (1989), « *Effects of microbial challenge on sleep in rabbits* », FASEB J 3(9): 2062-2066.

Plus récemment, des études expérimentales chez l'être humain[7,8,9] montrent qu'une durée de sommeil suffisante permet de lutter contre les infections et améliore la réponse vaccinale. En effet, la réponse vaccinale est altérée chez des sujets ayant été soumis à une privation totale de sommeil à la suite de l'injection d'un vaccin (hépatite A inactivé) avec un taux d'anticorps 2 fois moins élevé après 4 semaines. Chez des sujets auxquels un rhinovirus a été administré par voie nasale, le risque de développer une rhinopharyngite était multiplié par 4,5 pour les sujets ayant dormi moins de 5 heures par nuit au cours de la semaine précédente. La privation totale ou partielle de sommeil modifie diverses composantes du système immunitaire, telles que le pourcentage de certaines sous-populations de cellules immunitaires (ayant un rôle dans la protection de l'organisme contre les infections) et les niveaux de cytokines molécules ayant le rôle de messagers entre ces différentes cellules.

7. Lange T., Dimitrov S., Bollinger T., Diekelmann S., Born J. (2011), *« Sleep after vaccination boosts immunological memory »*, J Immunol 187(1): 283-290.
8. Lange, T., Perras B., Fehm H.L., Born J. (2003), *« Sleep enhances the human antibody response to hepatitis A vaccination »*, Psychosom Med 65(5): 831-835.
9. Prather A.A., Janicki-Deverts D., Hall M.H., Cohen S. (2015), *« Behaviorally Assessed Sleep and Susceptibility to the Common Cold »*, Sleep 38(9): 1353-1359.

Une récente étude[10] réalisée en 2012 chez 125 adultes âgés de 40 à 60 ans a montré qu'une durée de sommeil plus courte que d'habitude (c'est-à-dire moins de 6 heures par nuit) était fortement liée à une diminution de la probabilité de protection par une vaccination contre l'hépatite B. Il est important de noter que cet effet a persisté même lorsque 3 doses du vaccin ont été administrées, y compris une dose de rappel à 6 mois.

D'autre part, des études démontrent qu'il n'y a pas que le manque de sommeil qui diminue les réponses des anticorps à la vaccination, mais aussi le stress, le tabagisme et l'inactivité physique. Par exemple, des études[11] se sont concentrées sur le lien entre le stress psychologique et la réponse aux vaccins et ont révélé que les quantités de sommeil expliquaient en partie les faibles réponses vaccinales. De même, une étude réalisée sur des étudiants en bonne santé montre que la solitude et la faible efficacité du sommeil étaient associées à une moindre réponse des anticorps au vaccin antigrippal.

---

10. Prather A.A., Hall M., Fury J.M., Ross D.C., Muldoon M.F., Cohen S., Marsland A.L., « Sleep and antibody response to hepatitis B vaccination », Sleep 2012 ; 35(8):1063-1069

11. Burns V., Phillips A.C., Edwards K.M, « Stress and vaccination », Jan 2006 Encyclopedia of Stress.

Ainsi, au regard de toutes ces observations expérimentales, nous pouvons affirmer que les variations de la durée du sommeil diminuent la protection immunologique apportée par les vaccins cliniques standards (c'est-à-dire contre la grippe ou l'hépatite) et cela suggère la possibilité qu'une courte durée de sommeil puisse accroître le risque de maladie infectieuse en augmentant la sensibilité aux agents pathogènes viraux ou l'expression des symptômes, ou les deux.

PARTIE 9

Le sommeil et la thalassothérapie

Plusieurs approches sont donc disponibles pour améliorer le sommeil, le bien-être général et la fatigue. Depuis une dizaine d'années, nous constatons un intérêt croissant pour les traitements dans les centres de thalassothérapie, à la fois chez les sujets sains avec des troubles non spécifiques et chez les patients avec des conditions de santé définies[1]. La thalassothérapie est une thérapie utilisant l'eau de mer qui constitue l'une des méthodes « climatothérapeutiques » les plus importantes. Elle fait référence à une combinaison de différentes techniques, dont l'hydrothérapie (piscine, bains, douches et saunas), la balnéothérapie, les spas, les exercices aquatiques, les massages supervisés par des physiothérapeutes. La durée des séances et la température de l'eau peuvent varier d'un traitement à l'autre. Des séjours dans des stations de thalassothérapie sont actuellement proposés avec un nombre limité de soins (de santé) sélectionnés pour leurs actions spécifiques. Ainsi, il a été démontré que les exercices en eau de mer apportent plus d'avantages liés aux aspects émotionnels par rapport à la piscine d'eau

1. Gutenbrunner C., Bender T, Cantista P, Karagülle Z. (2010), « *A proposal for a worldwide definition of health resort medicine, balneology, medical hydrology and climatology* », Int J Biometeorol 54 : 495-507.

chez les femmes atteintes de fibromyalgie[2]. De plus, la chaleur et la flottabilité de l'eau réduisent la pression sur les os, les articulations et les muscles, ce qui peut faciliter le mouvement et bloquer la nociception, c'est-à-dire bloquer notre fonction nerveuse d'alarme et de défense à la suite d'un stimulus douloureux *via* des récepteurs situés par exemple au niveau de la peau (thermorécepteurs ou mécanorécepteurs). L'eau chaude provoque une augmentation de la taille de nos vaisseaux (artères et veines), c'est la vasodilatation périphérique, ainsi qu'une augmentation du volume de sang éjecté par le cœur (débit cardiaque), ce qui a pour conséquence de dissiper certaines molécules chimiques libérées dans la circulation et provoquant la douleur, et de faciliter la relaxation musculaire. La thalassothérapie peut améliorer la flexibilité, le contrôle postural et l'amplitude articulaire, qui peut durer plusieurs semaines. Pour ce qui est du sommeil, Horne et al.[3] ont mis en évidence, à l'aide d'un enregistrement du sommeil (EEG), une augmentation de la somnolence au coucher, et une augmentation du sommeil

2. De Andrade S.C., de Carvalho R.F., Soares A.S., de Abreu Freitas R.P., de Medeiros Guerra L.M., et al. (2008), « *Thalassotherapy for fibromyalgia : A randomized controlled trial comparing aquatic exercises in sea water and water pool* », Rheumatol Int 29 : 147-152.
3. Bender T., Karagülle Z., Bálint G.P., Gutenbrunner C., Bálint P.V., et al. (2005), « *Hydrotherapy, balneotherapy, and spa treatment in pain management* », Rheumatol Int 25 : 220-224.

profond et une réduction du sommeil paradoxal après 90 minutes d'immersion passive dans un bain chaud (41 °C) chez de jeunes femmes en bonne santé.

La station thermale et le recours à la balnéothérapie semblent être également bénéfiques pour la qualité de vie, le sommeil et la fatigue de la population active, mais cela a été démontré principalement après plusieurs semaines de soins.

Une étude japonaise[4] a montré que chez des employés d'une administration l'utilisation fréquente des stations thermales entraîne une meilleure qualité de sommeil et une meilleure santé physique et mentale. Vitorino et ses collaborateurs[5] ont aussi montré une amélioration du temps total de sommeil (d'au moins 1 heure) et de la qualité de vie des patients atteints de fibromyalgie après 3 semaines de soins en hydrothérapie (60 minutes par jour, 3 fois par semaine).

4. Sekine M.A., Nasermoaddeli A., Wang H., Kanayama H., Kagamimori S. (2006), « *Spa resort use and health-related quality of life, sleep, sickness absence and hospital admission: The Japanese civil servants study* », Complement Ther Med 14 : 133-143.

5. Vitorino D.F., Carvalho L.B., Prado G.F. (2006), « *Hydrotherapy and conventional physiotherapy improve total sleep time and quality of life of fibromyalgia patients: Randomized clinical trial* », Sleep Med 7 : 293-296.

Récemment, un programme de balnéothérapie de 12 jours a permis d'améliorer de manière significative la sensibilité à la douleur, l'humeur, le sommeil et la dépression chez des personnes âgées en bonne santé[6]. Une cure thermale de 3 semaines a permis d'améliorer la qualité du sommeil, la fatigue et la motivation chez des personnes actives souffrant d'un léger burn-out[7]. Les bénéfices de la thalasso ont été observés même chez des athlètes de haut niveau.

En effet, Hanon et ses collaborateurs[8] ont montré les effets bénéfiques d'un stage en thalassothérapie sur les adaptations à la charge d'entraînement de sprinteurs élites en phase de préparation intensive. L'amélioration de la hauteur de saut et de la souplesse est constatée dès les premiers jours au retour du séjour en thalassothérapie.

---

6. Latorre-Román P.A., Rentero-Blanco M., Laredo-Aguilera J.A., García-Pinillos F. (2015), « *Effect of a 12-day balneotherapy programme on pain, mood, sleep, and depression in healthyx elderly people* », Psychogeriatrics 15: 14-19.
7. Blasche G., Leibetseder V., Marktl W. (2010), « *Association of spa therapy with improvement of psychological symptoms of occupational burnout : A pilot study* », Forsch Komplementmed 17 : 132-136.
8. Hanon C., Longuevre R., Deymie F., « *Effets bénéfiques d'un stage en thalassothérapie sur indices d'adaptations à la charge d'entraînement de sprinteurs élites en phase de préparation intensive* », Communication aux 4es Journées internationales des sciences du sport (JISS), INSEP, 2006.

Enfin, une étude très récente[9] vient de démontrer les effets bénéfiques de seulement 3 jours de soins en thalassothérapie sur le sommeil, les capacités mentales et physiques, et après une semaine de reprise d'activité professionnelle.

En effet, 3 jours de thalassothérapie ont permis d'augmenter le temps total de sommeil et la qualité du sommeil des sujets. Des effets bénéfiques immédiats sur l'humeur, le niveau d'anxiété, la sensation de fatigue, le bien-être ainsi que sur des évaluations objectives comme la flexibilité des membres inférieurs et la performance cognitive ont été observés. Des effets positifs sont encore observés après le week-end de retour à la maison et après 3 jours de retour au travail.

9. Chennaoui M, Gomez-Merino D, Beers PV, Guillard M, Drogou C, et al. (2018) « *Benefits of Thalassotherapy with Sleep Management on Mood States and Well-being, and Cognitive and Physical Capacities in Healthy Workers* », J Sleep Disord Ther 7 : 297.

PARTIE 10

Les stratégies pour préserver et retrouver un bon sommeil

10 règles pour bien dormir

1. Levez-vous et couchez-vous le plus souvent à la même heure (y compris le dimanche et pendant les vacances) pour éviter la désynchronisation et renforcer le cycle veille-sommeil. Il est préférable d'imposer l'heure du lever plutôt que celle du coucher.

2. Écoutez vos signaux de sommeil (bâillements, yeux qui piquent, paupières lourdes...) et couchez-vous dès l'apparition de ces signes. Ne résistez pas à la fatigue, allez au lit.

3. Établissez une routine de coucher (douche, lecture, marche, bain tiède...) et favorisez les rituels relaxants. En répétant quotidiennement ces gestes, vous vous conditionnez au sommeil et raccourcissez la durée d'endormissement, qui doit être inférieure à 30 minutes une fois au lit.

4. Mangez léger. Évitez les dîners trop copieux, trop riches en protéines, les aliments en sauce, épicés...

5. Évitez les excitants le soir : café, thé, Coca, nicotine...

6. Évitez les stimulations auditives et visuelles : écran d'ordinateur, Smartphone, télévision, tablettes, lampe à LED... Réduisez votre exposition lumineuse le soir et privilégiez une obscurité totale et un environnement calme pour votre sommeil.

7. **Réalisez une activité physique si possible** (au moins 30 à 45 minutes de marche rapide par exemple, 3 fois par semaine), en évitant les 2 heures qui précèdent le coucher.

8. **Utilisez la chambre uniquement pour dormir** et non pour travailler, regarder la télé ou manger. Ne vous allongez pas pour regarder votre téléphone, votre tablette ou votre ordinateur, ni vos messages ou les réseaux sociaux, ni même pour envoyer un e-mail ou un SMS juste avant de vous coucher.

9. **Créez des conditions favorables à un sommeil de qualité :** calme, obscurité totale, literie ferme, chambre aérée...

10. **S'exposer à la lumière naturelle, notamment le matin**, pour régler l'horloge interne.

Bien préparer sa chambre

Chez vous, essayez de créer un environnement favorable au sommeil. Pour que le sommeil soit le plus efficace et restaure un éveil de bonne qualité, l'environnement favorable au sommeil doit être : calme et si possible en absence totale de bruit. L'emplacement des chambres doit être choisi avec soin. Il faut utiliser des bouchons d'oreilles en cas de bruits de voisinage, de voisins ronfleurs, de bruits d'avion. Comme évoqué précédemment, il faut que la chambre soit totalement dans l'obscurité au moment du coucher (attention, évitez les veilleuses, horloges et réveils lumineux, diodes...). La chambre doit être d'une température fraîche, idéalement environ 18-20 °C (ne jamais dépasser 26 °C). Mieux vaut trop froid que trop chaud, quitte à dormir avec duvet et chaussettes. « Dormez la tête au frais et les pieds au chaud. » Dormez sans vos animaux domestiques : bannissez-les de votre chambre. En effet, ces adorables chiens et chats n'ont malheureusement pas les mêmes rythmes biologiques que nous. Ils ont un sommeil fragmenté, à toute heure de la journée et de la nuit, et ils peuvent avoir durant votre nuit de longues périodes d'éveil qui perturbent votre sommeil.

Choisissez aussi une bonne literie. Utilisez un lit et un matelas qui vous conviennent, ce dernier si possible un peu ferme. Un matelas se change tous les 10 ans. Nettoyez et changez régulièrement vos draps. Aérez la chambre et faites le ménage tous les jours si possible. Souvent les toux et les rhinites allergiques altèrent le sommeil. Il faut réduire au minimum l'encombrement de sa chambre et ne rien ranger sous le lit afin de faciliter la circulation de l'air. Limiter le nombre d'appareils électriques et ceux comprenant une diode lumineuse. Concernant le bruit, en plus des fenêtres à double vitrage, réduisez tous les équipements pouvant induire des bruits gênants (grincements, vibrations, etc.).

« Que faire si je ne trouve pas le sommeil ? »

« Je n'arrive pas à décompresser, je ressasse mes soucis » : les principales causes déclarées du manque de sommeil sont le travail et les problèmes psychologiques. Au moment de s'endormir resurgissent souvent les préoccupations que les activités journalières avaient mises à distance. C'est aussi le moment où les émotions et les tensions accumulées dans la journée s'expriment fortement. Le sommeil ne vient que dans un corps et un esprit au repos. Il doit donc se préparer. Pour cela, ralentir les activités physiques et intellectuelles avant le coucher permet à la vigilance et à la température corporelle de diminuer peu à peu. Il faut se ménager un sas de décompression avec une activité distrayante, peu stimulante (lecture), apprendre à se détendre, faire des exercices de relaxation.

Si vous avez du mal à vous endormir :

- n'utilisez pas les hypnotiques en première intention ;
- n'utilisez pas l'alcool comme somnifère ;

- évitez les activités sur écran (smartphone, tablette, ordinateur, console de jeu) au moins 1 heure avant l'heure du coucher ;
- prenez une douche tiède ou froide plutôt qu'un bain chaud le soir pour vous calmer et vous préparer au sommeil : quand il se programme pour dormir, l'organisme diminue sa température.

« Je me couche très tôt et pourtant le sommeil ne vient pas. »

Avant l'heure, ce n'est pas l'heure... C'est particulièrement vrai pour le coucher. Notre heure d'endormissement est déterminée par notre besoin de sommeil, mais surtout par notre horloge interne. Inutile de chercher le sommeil avant d'en ressentir le besoin. En revanche, il ne faut pas rater le bon moment pour s'endormir. Comme le sommeil est organisé en cycles d'environ 90 minutes, si vous ratez votre « porte du sommeil », il vous faudra attendre la prochaine. Vous risquez donc de vous tourner et retourner dans votre lit sans parvenir à raccrocher. **Donc, ne restez pas au lit si vous ne trouvez pas le sommeil après 30 minutes, quittez la chambre et pratiquez des activités relaxantes (lecture, tisane, marche...) dans une lumière tamisée.** Retournez au lit quand vous vous sentez de nouveau somnolent. Si vous vous réveillez la nuit, et si vous avez l'impression d'être réveillé depuis plus de 30 minutes, levez-vous et procédez à la routine décrite précédemment.

Une nuit très écourtée donne lieu à une dette aiguë de sommeil, laquelle est remboursée par un rebond de sommeil la nuit suivante. La quantité nécessaire de sommeil pour récupérer est inférieure à la quantité perdue et 2 nuits de durée normale sont souvent suffisantes pour récupérer complètement.

« Comment savoir si j'ai assez dormi ? »

Selon les spécialistes de la Sleep Fundation américaine, avoir assez dormi signifie simplement pouvoir fonctionner jusqu'à la fin de la journée suivante sans sentir de somnolence.

Autres indices :

- si au réveil le matin vous appuyez plusieurs fois sur le bouton de rappel d'alarme de votre réveil, vous n'avez probablement pas assez dormi ;
- si dans la journée vous augmentez votre consommation de café ou qu'il vous semble moins efficace, vous n'avez probablement pas assez dormi ;
- on peut évaluer son niveau de somnolence diurne grâce à un test standardisé, l'échelle de somnolence d'Epworth.

« Dois-je faire la grasse matinée le week-end pour rattraper mon manque de sommeil de la semaine ? »

Dormir plus le week-end permet de compenser le manque de sommeil de la semaine. Cependant, il vaut mieux éviter de retarder son réveil de plus de 2 heures supplémentaires par rapport à la durée habituelle de sommeil, quitte à faire une sieste (inférieure à 60 minutes) en début d'après-midi. Sinon vous risquez de dérégler votre horloge biologique et le sommeil sera plus « léger » et moins efficace.

«Comment bien me réveiller ?»

Quelques gestes et habitudes simples peuvent vous permettre d'améliorer votre éveil. **Un bon réveil commence par un bon sommeil. Lorsqu'on se réveille fatigué, c'est que l'on n'a pas assez dormi** :

- **le réveil :** choisissez une sonnerie douce pour vous réveiller. Un réveil trop brutal est un facteur de stress majeur.
- **premiers gestes :** étirez-vous et, une fois les yeux ouverts, restez quelques secondes dans votre lit et profitez-en pour vous étirer tout doucement. Ouvrez les rideaux et les volets pour faire entrer la lumière du jour si possible.
- **s'hydrater :** la nuit, notre corps se déshydrate. Un verre d'eau au saut du lit permet de se réhydrater pour bien commencer la journée.
- **le réveil musculaire :** avant de prendre votre petit déjeuner, prévoyez quelques minutes pour faire 2 ou 3 exercices de renforcement musculaire (3 séries de 30 abdos et de 20 fessiers, par exemple).
- **le petit déjeuner :** il doit couvrir le quart de nos apports journaliers et doit comprendre une boisson chaude, des céréales (pain ou céréales type

pétales de maïs), un laitage, un fruit. Le petit déjeuner contribue même à garder la ligne.

- **la douche :** commencez votre douche par un jet d'eau chaude pour réveiller votre corps puis terminez votre toilette par un jet d'eau un peu plus froide.
- **observez des rituels :** les rituels du matin permettent d'être bien organisé dès le début de la journée : faites votre lit, votre vaisselle, regardez vos e-mails... Bref, trouvez une activité que vous ferez tous les matins pour vous rassurer mais également optimiser votre temps.
- **bougez si possible :** quelques minutes d'activité physique modérée en plein air le matin favorisent l'éveil et renforcent les rythmes biologiques.

Conclusion

Le respect de notre rythme veille-sommeil et de notre besoin physiologique en sommeil (quantité et qualité) est un élément essentiel pour le maintien de nos performances et surtout pour notre santé.

Vous le savez bien, les conséquences directes des altérations de notre rythme veille-sommeil induites par des contraintes familiales et/ou professionnelles sont une diminution importante de nos capacités physiques, cognitives et psychologiques.

Grâce à ce petit livre et aux recommandations pratiques que vous y trouverez, vos capacités physiques et mentales seront préservées durant la journée. Apprenez donc à sanctuariser votre sommeil, à le préserver et à l'optimiser tout au long de votre vie.